Volker Friebel
Wie Stille zum Erlebnis wird

W0177971

praxisbuch kindergarten

Volker Friebel

Wie Stille zum Erlebnis wird

Sinnes- und Entspannungsübungen
im Kindergarten

Herder Freiburg · Basel · Wien

Gedruckt auf umweltfreundlichem,
chlorfrei gebleichtem Papier

Einbandfoto: Arnold Brunner, Horben

3. Auflage

Inhalt

1. Stille und Achtsamkeit   9

Stille und Sinnesübungen 10; Entspannungsfähigkeit 11; Bewegung und Ruhe 12; Stilleraum 13; Entspannungshaltungen 13; Erweiterungen 14; Wurzeln 16

2. Sinnesübungen: Hören   19

Offenes Fenster 19; Bestimmte Geräusche 19; Wovon kommt der Ton 20; Ohren auf 20; Wer hat das Glöckchen? 21; Verklingender Ton 21; Stecknadel hören 21; Minute schätzen 22; Geräusche raten 22; Ist das zu hören? 22; Wörter lauschen 23; Hörbilder 23; Wo bewegt es sich nun? 24; Elefant lauscht 24; Kleiner Bär lauscht 25; Kätzchen lauscht 25

3. Sinnesübungen: Sehen   27

Bild-Meditation 28; Dinge merken 28; Lichter 28; Kerzentanz 29; Dunkel und Licht 29; Stillelicht 30; Lebendig werden 30; Dinge verbinden 30; Wellenschauen 31; Nah und fern 32

4. Sinnesübungen: Schmecken, Riechen   33

Früchte 33; Früchte unterscheiden 33; Wie schmeckt das? 34; Getreide schmecken 34; Geschmacksbilder 34; Riechdosen 34

5. Sinnesübungen: Fühlen   36

Formen ertasten 36; Zeichen auf der Haut 37; Geheimnisvoller Beutel 37; Unter dem Tisch 37; Oberflächen tasten 38; Stoffe zuordnen 38; Luftballon 38; Igelball 39; Den Boden spüren 39;

Hände-Schwere 40; Wärme am Strand 40; Hände-Wärme 41;
Mit den Fußsohlen fühlen 41; Hände 41; Leichter und schwerer
42; Temperaturen unterscheiden 42; Wollknäuel wickeln 42;
Pappdeckel auflegen 43

6. Übungen zum Atem 44

Aktivität und Atem 45; Atem des anderen 46; Atem-Tier 46;
Atemboot 46; Stille-Atem 47; Feder-Atem 47; Atem-Nicken 47;
Aufgehende Blume 48; Löwenatem 48; Holzhacker (Ha-
Atmung) 49; Atemrecken 49; Atem beim Gehen 50; Kerzen-
atem 50

7. Übungen zur Stille und zur Vorstellungsbildung 51

Baum 51; Blumengesänge 51; Stille der Steine 52; Der Ton der
Stille 52; Farben der Stille 53; Aaaa – und Stille 53; Klatschen
und – Stille 53; Stille merken 54; Im Auge des Sturmes 54; Der
weite Himmel 55; Wasser 56; Meereserkundung 56; Wolken ziehen 57; Kreis 58; Eine Person 58; Traumlandschaft 59; Höhle
bauen 59; Wort-Meditation 59; Geben 60; Kerze 60; Drachen
61; Chamäleon 61; Türe 62; Der Tag einer Seerose 63; Strömen-
des Wasser 63; Ball auf dem Wasser 64; Dunkle Wolke 64; Brieftaube 65; Zauberspiegel 65

8. Bewegung und Ruhe 66

Kleine Bären 67; Wolkenwandern 68; Kätzchen auf der Mäusejagd 68; Bärenspaziergang 69; Vormachen 70; Regentakt 71;
Sonne und Schatten 72; Schneemänner 73; Jahreslauf 73; Vogeltag 74; Blumen 76; Sonnenblumentag 76; Eidechsen 77; Wach-
sender Baum 78; Pilze wachsen 78; Geburt des Wundervogels
79; Der Fluß 80; Löwenbrüllen 80; Löwenschreiten 82; Elefan-
tenschreiten 82; Kleine Bären am Bienenstock 83; Füchse und
Bären 84; Rehe im Wald 85; Hasen über das Feld 85; Spiegelkin-
der 86; Schiff auf See 86; Führen lassen 87; Schweres Tier 87;
Spirale 88; Aufziehspielzeug 88; Indianer 89

9. Musik, Musik   90

Summen 90; Vokale 91; Einstimmen 91; Trennen und Wieder-
finden 92; Vokalkanon 92; Das Immer-Leiser-Lied 93; Das Immer Langsamer-Lied 94; Leise sind die Schmetterlinge 95; Eine
furchtbar schlechte Musikkapelle 97; Ganz wie ich will 98; Still
ist die Luft… 99; Stille, stille, stille… 100; Tiri-liri-li-li 101;
… und singt ein kleines Lied 103; Laut sind die Kinder… 104;
Der Jan bläst auf dem Zellophan 105; Laut fliegt der Düsenjäger
108; Es war einmal ein Wundertier 109; Die Spielkapelle spielt
zum Tanz 110; Wer hört auch die leisen Dinge? 112; Hör, was
ich weiß 114; Kling, Glöckchen, klingeling 115; Einmal ist er
ruhig und still… 116; Immer mal auf andre Weise… 117; Laut,
laut, laut, was ist alles laut? 118

10. Übungen draußen in der Natur 120

Erde unter dir 120; Natur sein 121; Rinde tasten 121; Gartenerkundung 121; Hörspaziergang 122; Riechspaziergang 123; Seh-
spaziergang 123; Stillespaziergang 123; Wege erkunden 123; Ein
Baum nah und fern 124; Fühlen und finden 124; Steine sammeln
125; Am See 125; Bachgeräusche 125

Literatur 127

Stille und Achtsamkeit

„Die Heimkehr zur Wurzel aber nennt man Stille, das ist die Rückkehr der Bestimmung", heißt es in einem alten Buch. Stille bringt die Menschen zurück zu den Wurzeln und so zu sich selbst. So heißt es in allen Kulturen der Erde.

Was aber hat das mit Kindern zu tun? Kinder zieht es hinaus in die Welt, von sich fort, zu all den interessanten Dingen um sie herum und hinter dem Horizont. Mit Wurzeln und Rückkehr haben sie wenig im Sinn. Natürlich kennen sie Stille. „Sei doch mal still", heißt es zu ihnen, wenn sie allzusehr toben; und sie sind dann vielleicht auch ruhig – für kurze Zeit. Wenn mit Kindern über Stille gesprochen wird, dann immer nur in diesem Sinne, im Sinne eines Bedürfnisses anderer, Erwachsener, das die Kinder eben zu respektieren haben, *gegen* ihren Erlebnisdrang, *gegen* ihre eigenen Bedürfnisse.

Natürlich haben auch andere ein Recht auf Stille. Aber Stille erscheint unter dieser Perspektive in einem bloß negativen Sinne, als Abwesenheit von Geräuschen, als Offenseinmüssen des Kindes für das, was ein Erwachsener von ihm möchte. Daß Stille auch eigene Qualitäten hat, daß sie für das erlebende Kind einen positiven Erlebniswert haben kann, wird leicht unter Ermahnungen begraben. Stille wird so für das Kind schnell zu einem Begriff, der mit Einschränkungen seiner Bewegungs- und Erlebensfreiheit, mit gegen es gerichteter Machtausübung, mit Langeweile und schlechter Laune assoziiert ist. Die gebräuchliche Form, mit Kindern von Stille zu sprechen, sie ist die eines Verlustes.

Stille und Sinnesübungen

In diesem Buch wird Stille positiv und vom Kind aus verstanden. Stille ist damit nicht einfach Abwesenheit von Geräuschen, sondern sie bereitet einen Erlebnisraum, einen Erlebnisraum für das Kind. Sie ist deshalb in unserem Sinne nicht für die anderen da, nicht „um nicht zu stören", sondern sie ist eine Voraussetzung für das Kind, um besser hören, genauer sehen, differenzierter empfinden zu können. Stille erweitert. In diesem Sinne ist Stille zusammen mit Achtsamkeit zu betrachten: Es geht um ein Bereitsein, um ein sich Öffnen für die leisen und leicht zu übersehenden Dinge der Welt, für die kleinen Dinge der Umgebung – und für andere Menschen. Stille bedeutet so auch, ein bisher verborgenes Land zu entdecken. Achtsamkeit erfordert Stillehalten – aber nicht, um einfach ruhig zu sein, um nicht zu stören, sondern um zu *erkennen* und aus dem Erkennen heraus zu handeln. Und dann vielleicht anders zu handeln als vorher, nicht blind im eigenen Drang die Dinge und anderen Menschen zu überrennen, sondern auf sie einzugehen. Es bedeutet so auch eine Schulung der Sinne. Stille und Achtsamkeit werden deshalb sehr häufig über Sinnesübungen eingeführt.

Spiele und Übungen zur Sinneswahrnehmung sind unter der Bezeichnung *Kim-Spiele* bekannt geworden. Dieser Name kommt von Kim, einem indischen Jungen, der Hauptfigur in einem Roman von Rudyard Kipling (der auch das Dschungelbuch schrieb). Kim lernt von einem Hindu-Jungen bessere Konzentration und Wahrnehmung, was ihm später zugute kommt. Die hier aufgenommenen Übungen zur Sinneswahrnehmung betonen allerdings weniger den Aspekt des Erfassens und Merkens als vielmehr Achtsamkeit und Gewahrsam für die Dinge im Alltag und unserer alltäglichen Umgebung.

Dabei geht es nicht etwa um eine Frühförderung des Kindes, eine Förderung, um übliche Fertigkeiten etwas früher zu entwickeln und bestimmte Fähigkeiten optimal auszubilden. So wichtig Frühförderung in vielen Fällen ist, wie überall läßt sich auch hier übertreiben. So hat Frühförderung in manchen Bereichen zu einem Leistungskampf – weniger der Kinder als der Eltern über ihre Kinder – geführt, der mit den hier vorgestellten

Übungen nicht noch weiter vorangetrieben werden soll. Es geht nicht darum, die Entwicklung von Kindern noch ein wenig mehr zu beschleunigen, sondern darum, etwas nicht zu verlieren, was während dieser Entwicklung sonst leicht auf der Strecke bleibt.

Entspannungsfähigkeit

Als vor Jahren erstmals versucht wurde, Entspannungsübungen mit Kindergruppen durchzuführen, war die Überraschung groß. Eigentlich war erwartet worden, daß Kinder hiermit große Probleme haben. Tatsächlich aber fand sich, daß Kinder leichter und schneller entspannen können, als die meisten Erwachsenen. Während es bei Erwachsenen Wochen und Monate dauern kann (aber nicht unbedingt muß), bis sich erste Erfolge beispielsweise der Übungen des autogenen Trainings einstellen, gelingt das Kindern in der Regel schon beim ersten Versuch (wenn die Entspannungsformeln kindgerecht dargeboten werden). Es scheint demnach so zu sein, daß *Entspannungsfähigkeit*, eine Voraussetzung nicht nur für das Erleben der Stille, etwas ist, das sich im Laufe der persönlichen Entwicklung eines Menschen eher zurückbildet als differenziert. Die Stilleübungen dieses Buches sollen dabei mithelfen, die natürliche Entspannungsfähigkeit des Kindes zu erhalten.

Der Autor hat zusammen mit einer Kollegin und der Leiterin eines Kindergartens bereits ein Buch über die Durchführung von Entspannungsübungen im Kindergarten vorgelegt. Stilleübungen gehen zwar meist weniger tief als „klassische" Entspannungsübungen, sie haben ihnen gegenüber aber auch einige Vorzüge: So sind sie für *alle* Altersklassen im Kindergarten geeignet, während Entspannungsübungen im engeren Sinne zumindest die Jüngsten überfordern. Außerdem kann an Stilleübungen die ganze Kindergartengruppe teilhaben, während Entspannungsübungen sinnvollerweise kaum je mit mehr als einem Dutzend Kindern gleichzeitig durchgeführt werden können. Entspannungsübungen im Kindergarten sind deshalb eher etwas für besondere Kinder (beispielsweise verhaltensauffällige

Kinder) oder Kinder in einer bestimmten Situation (beispielsweise vor dem Übergang in die Schule, um etwas auf die dann anderen Belastungen und Anforderungen vorzubereiten). Stilleübungen dagegen eignen sich und sind empfehlenswert für *alle* Kinder im Kindergarten: einfach mal so zwischendurch, oder regelmäßig zu einer bestimmten Stillestunde, oder zu bestimmten Gelegenheiten.

Bewegung und Ruhe

Dabei geht es keineswegs darum, Stille und Entspannung als Ideal im Kindergarten anzustreben. Aktivität ist für Kinder mindestens genauso wichtig. Die allerdings braucht Kindern kaum erst vermittelt zu werden. Stille und Entspannung aber haben es im üblichen Trubel schwer. Die Aktivität anderer stört oft das eigene Bedürfnis nach Stille. Gruppenübungen können der Stille zu ihrem Recht verhelfen, als *ein* Erleben unter anderen, das sonst aber zu kurz kommen würde.

In den Übungen wird häufig auf ein bewußtes Erleben des Unterschiedes zwischen Stille und Umtrieb, zwischen Anspannung und Entspannung, zwischen verschiedenen Körper- und Erlebniszuständen eingegangen. So kommen Ruhe und Stille langsam unter die Selbstkontrolle des Kindes, während sie üblicherweise sonst nur von außen verlangt und durchgesetzt werden.

Ein Kapitel des Buchs verbindet ganz ausdrücklich Bewegung und Ruhe, fördert so das bewußte Erleben des Unterschiedes von Anspannung und Entspannung. Die Erzieherin kann darauf vor oder im Verlauf dieser Übungen noch ausdrücklich hinweisen. Es kann auch gut sein, bei der Einbettung von Stilleübungen in den Kindergartentag ein wenig den Gegensatz von Stille und Aktivität zu betonen, Stilleübungen beispielsweise gerade im Anschluß an eine besonders hektische Aktivität durchzuführen, und dann gleich wieder in Bewegung überzugehen.

Stilleraum

Schön wäre es, wenn im Kindergarten so etwas wie ein Stilleraum oder Stilleort bestünde. Nicht nur für Stilleübungen, sondern als Gelegenheit, sich auch einmal zum Ausruhen oder zu
einer ruhigeren Aktivität zurückzuziehen. Dieser Stilleraum
sollte dann möglichst einfach gehalten sein, nicht überladen,
ohne viel Ablenkung. Ein solcher besonderer Raum ist für die
Übungen zwar nicht notwendig; diese sollten sich überall
durchführen lassen, wo eine Kindergruppe Platz hat. Aber er
erleichtert das Einlassen auf die Stille.

Entspannungshaltungen

Bei den Übungen wird meist davon ausgegangen, daß die Kinder im Stuhlkreis sitzen. Es kann günstig sein, wenn sie für die
Übungen eine Entspannungshaltung einnehmen. Die beiden
folgenden Haltungen eignen sich hierfür am besten. Beim *ange-
lehnten Sitzen* setzt sich das Kind voll auf den Stuhl, der
Rücken ist angelehnt, der Kopf etwas nach unten geneigt, die
beiden Füße stehen (wenn möglich) fest auf dem Boden, etwa in
Schulterbreite auseinander. Die Hände liegen mit den Handflächen nach unten auf den Oberschenkeln, die Fingerspitzen
sollten nach unten fallen (um eine möglichst gute Durchblutung
zu erreichen). Die Augen sind geschlossen.

Geht es bei der Entspannung bzw. der Stilleübung vor allem
um das Tanken neuer Energie, empfiehlt sich die *Königshal-
tung*. Hier sitzt das Kind etwas weiter vorn auf dem Stuhl, der
Rücken ist gerade, der Kopf aufrecht, ansonsten alles wie im an-
gelehnten Sitzen.

Als beste *Entspannungshaltung im Liegen* gilt die Rückenlage. Die Arme liegen neben dem Körper, die Beine sind ausgestreckt und überkreuzen sich nicht. Ein Zeichen von Entspannung ist, wenn die Fußspitzen leicht nach außen fallen. Die Augen sind geschlossen.

Diese Haltungen werden allgemein empfohlen. Sie sollten
aber keineswegs vom Kind strikt gefordert werden. Nicht die

Haltung an sich ist wichtig, die Haltung soll lediglich Entspannung und das Einlassen auf Stille erreichen. Wird sie entgegen den Bestrebungen des Kindes aufgezwungen, kann das mehr schaden als nützen. Vor allem das Schließen der Augen macht manchen Kindern anfangs Probleme. Einige Kinder können dann Angst bekommen, andere sind einfach sehr neugierig und wollen zwischendurch schauen, was die anderen tun. Es empfiehlt sich deshalb, in der Einleitung zur Stilleübung (wenn denn die Augen nicht aufbleiben *müssen*) zu sagen, daß die Augen geschlossen werden sollen, aber mit dem Zusatz: „Sie können auch aufbleiben. Besser aber, ihr macht sie zu."

Erweiterungen

Das vorliegende Buch versteht sich als eine Sammlung der bekannten und einer Vielzahl neuer Stilleübungen für Kinder. Die Übungen sind zu Gruppen zusammengefaßt – aber ohne daß innerhalb einer Gruppe oder zwischen den Gruppen die Reihenfolge der Übungen wichtig wäre. Nur wenige Übungen bauen aufeinander auf. Fast jede Übung kann so als „erste" Übung im Kindergarten, in der Kindertagesstätte oder zu Hause verwendet werden. Natürlich empfiehlt es sich, nicht gerade mit komplexen Übungen zu beginnen, sondern erst einfache zu wählen, die nur ein einziges Element enthalten. Auch sollten Stillezeiten anfangs eher kurz gehalten werden. Später läßt sich das verlängern. Die hier meist ausführliche Gestaltung der Übungen soll als *Anregung* für Erzieherinnen dienen. Selbstverständlich können und sollen Übungen auch verändert werden, sie lassen sich anderen Rahmenbedingungen anpassen: sie lassen sich erweitern oder mit anderen Übungen verbinden.

Für Veränderungen oder Erweiterungen können einige Grundregeln hilfreich sein:

● Wenn Kinder unterschiedlich laute Geräusche produzieren sollen, sollte darauf geachtet werden, daß die Richtung insgesamt vom Lauten zum Leisen verläuft. Geht es umgekehrt, wird es zunehmend lauter, können vor allem entsprechend veranlagte Kinder auch aufgeregt, aufgedreht oder gar aggressiv werden. Wenn es innerhalb einer Übung auch durchaus einmal lauter werden darf: am Schluß sollte ein Abschluß in dieser beruhigenden Richtung stehen.

● In den hier vorgestellten Vorstellungsübungen wird, wenn die Augen geschlossen sind, das einzelne Kind angesprochen. Die Anrede ist dann also „Du". Wenn die Augen geöffnet sind, lautet sie „Ihr" oder „Wir". Wir haben damit gute Erfahrungen gemacht und möchten dies daher für die Gestaltung eigener Übungen weiterempfehlen. Wenn die Augen geschlossen sind, ist das Kind mehr bei sich selbst, deshalb erscheint uns dann diese Art der Anrede angemessen.

● Günstig ist es, immer auf eine gewisse Abwechslung zu achten, wenn verschiedene Stilleübungen oder eine längere mehrteilige Stilleübung durchgeführt werden. Dann sollten zwischendurch lautere und bewegungsreiche Phasen eingeplant werden (Bewegungsspiele). Das kommt nicht nur dem Äußerungs- und Bewegungsdrang von Kindern entgegen, sondern hat in sich einen eigenen Wert, besonders, wenn das Kind in solchen Phasenübergängen den Unterschied zwischen den verschiedenen Körper- und Bewußtseinszuständen bewußt erlebt und über dieses bewußte Erleben ein Stück in Richtung Selbstkontrolle dazulernt. Die Erzieherin kann die Kinder (noch in der Stille) durchaus darauf hinweisen, etwa in der Form: „Gleich ist die Stille zu Ende, und wir machen das So-und so-Spiel. Achtet einmal darauf, wie alles sich gleich verändert, auch ihr selbst, und wie ihr selbst das lenken könnt."

● Bei Bewegungsspielen, die zur Ruhe und Stille führen, sollte außen (meist in einem lockeren Kreis) begonnen werden. Mit zunehmender Ruhe kommen die Kinder dann nach innen (die Kreismitte). Stille als Mitte, als Bei-sich-selbst-sein, wird sich so den Kindern mit der Zeit selbst ohne besondere Erklärungen vermitteln. Wichtig ist auch, daß die Kinder gerade in der Stille eng beieinander sind.

● Die Erzieherin sollte ein wenig auf natürliche Verbindungen achten. Meist sind diese selbstverständlich. So wird in einer Bewegungsübung zunehmende Stille mit zunehmender Langsamkeit verknüpft sein.

Wurzeln

Stilleübungen hat es sicherlich schon immer gegeben. Sie entsprechen einem natürlichen Bedürfnis der Kinder (und der Erzieherinnen). Im pädagogischen Blickfeld stehen sie erst seit wenigen Jahren. Die systematische Einführung solcher Übungen scheint in den Kindergärten (auch in den Grundschulen) stark zuzunehmen. Die wohl ersten schriftlich erwähnten Stilleübungen finden sich in Büchern von Maria Montessori. Mit zwei längeren Zitaten daraus soll diese Einführung enden und der Anwendungsteil beginnt.

Eines Tages betrat ich das Schulzimmer, auf dem Arm ein vier Monate altes Mädchen, das ich der Mutter auf dem Hof aus den Armen genommen hatte. Nach dem Brauch des Volkes war die Kleine ganz in Windeln gewickelt, ihr Gesicht war dick und rosig, und sie weinte nicht. Die Stille dieses Geschöpfes machte mir großen Eindruck, und ich suchte mein Gefühl auch den Kindern mitzuteilen. „Es macht gar keinen Lärm", sagte ich, und scherzend fügte ich hinzu: „Niemand von euch könnte ebenso still sein." Verblüfft beobachtete ich, wie sich der Kinder rings umher eine intensive Spannung bemächtigte. Es war, als hingen sie an meinen Lippen und fühlten aufs tiefste, was ich sagte. „Sein Atem geht ganz leise", fuhr ich fort. „Niemand von euch könnte so leise atmen." Erstaunt und regungslos hielten die Kinder den Atem an. Eine eindrucksvolle Stille verbreitete sich in diesem Augenblick. Man hörte plötzlich das Ticktack der Uhr, das sonst nie vernehmbar war. [...]
Auf diese Weise entstand unsere „Übung der Stille".[1]

Es ist erforderlich, die Kinder *Stille* zu lehren. Dazu lasse ich verschiedene Übungen der Stille von ihnen durchführen, die in bemerkenswertem Maße zu der erstaunlichen Fähigkeit zur Disziplin unserer Kinder beitragen.

---

[1] Maria Montessori: Kinder sind anders. Ernst Klett Verlag, Stuttgart, 6. Auflage 1961, Kapitel: „Die Stille"

Ich lenke die Aufmerksamkeit der Kinder auf mich – und *schweige.*

Ich nehme verschiedene Positionen ein – stehe, sitze – *unbeweglich, schweigsam.* Ein sich bewegender Finger könnte ein, wenn auch nicht wahrnehmbares Geräusch verursachen; ich könnte hörbar atmen, aber nein, alles ist ganz still. Das ist keine leichte Sache. Ich rufe ein Kind und fordere es auf, mir dies nachzutun: Es bringt den Fuß in eine bessere Lage, und schon entsteht ein Geräusch; es bewegt einen Arm, und auch das gibt ein Geräusch; sein Atem ist noch nicht ganz lautlos, ruhig, ganz unhörbar wie meiner. […]

Dann wetteifern sie alle darin, mich nachzuahmen, und versuchen, es mir gleichzutun. Ich stelle fest, daß sich hier und dort ein Fuß fast unmerklich bewegt. In dem sehnlichen Willen, die Unbeweglichkeit zu erreichen, lenken die Kleinen ihre Aufmerksamkeit auf alle Teile des Körpers. Während sie sich in diesem Bemühen versuchen, entsteht wirklich eine *Stille,* die anders ist als das, was man gewöhnlich darunter versteht: Es scheint, daß das Leben allmählich verschwindet, daß sich der Saal nach und nach leert, als befände sich keiner mehr darin. Dann beginnt man das *Ticken* der Wanduhr zu vernehmen, und mit der langsam absolut werdenden Stille scheint dieses *Ticken an Intensität zu gewinnen.* Von draußen, vom Hof, der still erschien, kommen nun verschiedene Geräusche – ein zwitschernder Vogel, ein vorbeigehendes Kind. Die Kleinen sind von dieser Stille fasziniert, als hätten sie einen wirklichen Sieg errungen. „So", sagt die Leiterin, „jetzt ist alles ruhig, als sei niemand mehr da."

War diese Stufe erreicht, dann verdunkelte ich die Fenster und sagte zu den Kindern: „Hört nun eine leise Stimme, die euch beim Namen ruft."

Dann rief ich aus einem Nebenzimmer hinter den Kindern durch die weit geöffnete Tür mit flüsternder, doch die Silben langziehender Stimme, so wie man jemanden in den Bergen rufen würde, und diese kaum bemerkbare Stimme schien das Herz der Kinder zu erreichen und ihren Geist anzusprechen. Jeder Aufgerufene erhob sich leise, versuchte dabei, den Sitz nicht zu bewegen und lief auf Zehenspitzen so unhörbar, daß man ihn fast nicht vernahm, und trotzdem hallte sein Schritt in der absoluten Stille, die sich nicht unterbrechen ließ, solange die übrigen weiterhin unbeweglich verharrten.[2]

---

[2] Maria Montessori: Die Entdeckung des Kindes. Herder Verlag, Freiburg 1969 (italienische Erstausgabe 1913), Abschnitt: „Die Stille".

Sinnesübungen: Hören

Die erste Reihe mit Sinnesübungen zu Stille und Achtsamkeit spricht das Ohr an. Über den Bezug auf das Gehör soll ein Innehalten des Kindes erreicht und seine Konzentration gefördert werden. Nicht: „Sei doch mal still!" soll es heißen, sondern das Innehalten des Kindes wird positiv erreicht, indem seiner Aufmerksamkeit eine Richtung angeboten wird. Etwas *nicht* auszuführen, beispielsweise Reden oder Streiten oder Herumtollen, fällt Kindern oft schwer. Wesentlich leichter ist es, wenn Alternativen angeboten werden. Dieses Prinzip läßt sich auch im Alltag von Kindern (und Erwachsenen) erfolgreich anwenden.

Offenes Fenster

Alle setzen sich vor ein geöffnetes Fenster und schließen die Augen. Niemand spricht. Jeder versucht, sich so viel Geräusche von draußen wie möglich zu merken. Anschließend werden die Geräusche in der Gruppe gesammelt.

Variation: Niemand verrät, was er alles gehört hat, sondern jeder sucht sich eines davon heraus und malt ein Bild dazu. Die anderen raten, was für ein Geräusch das Bild darstellen soll.

Bestimmte Geräusche

Die Kinder sitzen vor dem geöffneten Fenster, haben die Augen geschlossen und achten auf Geräusche. Dabei wird aber eine bestimmte Aufgabe gestellt: So wird beispielsweise vorher gesagt, sie sollen nur auf Geräusche achten, die von Menschen stammen oder von Maschinen sind, oder nur auf Vogelstimmen achten oder nur auf Windgeräusche (wenn ein windiger Tag ist) oder nur auf den Regen (wenn es stark regnet) usw. Nachher nennen die Kinder, was sie alles gehört haben, und es wird darüber gesprochen. Es kann dann beispielsweise auch die Aufgabe gestellt werden, ein Bild zu einem bestimmten Geräusch zu malen. Das ist besonders reizvoll, wenn die Geräuschquelle nicht zu sehen war.

Wovon kommt der Ton?

Die Kinder sitzen im Kreis, schließen die Augen. Die Erzieherin schlägt mit einem Klöppel oder Schlegel auf verschiedene Gegenstände. Und zwar einigemale hintereinander, vielleicht fünfmal, was vorher genau vereinbart werden sollte. Die Kinder raten nach dem letzten Schlag, auf welchen Gegenstand jeweils geschlagen wurde.

Variation: Die Geräuschskala kann ohne Schlegel erweitert werden, so raschelt die Erzieherin beispielsweise mit Papier, läßt einen Ball hüpfen, ein Buch fallen usw. Immer wird das Geräusch einigemale wiederholt, dann erst sollen die Kinder sich äußern.

Ohren auf

Draußen im Garten legen sich einige Kinder auf den Boden, ein Ohr fest an die Erde gepreßt, das andere halten sie zu. Andere Kinder hüpfen auf der Erde, schlagen mit den Händen auf die Erde, erst kräftig, dann immer weniger kräftig (besser nicht umgekehrt). Die „Ohrenkinder" achten genau darauf, wie das zu hören ist. Das läßt sich auch in unterschiedlichen Entfernungen machen: Mal hüpfen die Kinder ganz nah, dann weit weg, dann in mittlerer Entfernung. Mal hüpft nur ein Kind, dann alle, die nicht hören, zusammen. Im Zimmer legen einige Kinder das Ohr an die Wand. Ist etwas zu hören? Dann schlägt die Erzieherin mit der Hand an die Wand, mal laut, dann leise. Vielleicht gibt es auch Holztüren, an denen gelauscht werden kann.

Wer hat das Glöckchen?

Ein Kind verläßt den Raum. Die anderen Kinder stellen sich auf, die Hände hinter dem Rücken. Eines der Kinder bekommt eine Glocke. Das Kind draußen wird nun hereingerufen, muß aber an der Tür stehenbleiben. Die Glocke ertönt ab und zu kurz, und das Kind an der Tür muß raten, welches der anderen Kinder die Glocke hat. Wenn das Glockenkind erraten wurde, darf es als nächstes hinaus.

Verklingender Ton

Die Kinder sitzen mit geschlossenen Augen im Kreis. Die Erzieherin schlägt einmal auf der Triangel oder dem Gong oder etwas anderem, das lange nachklingt. Und zwar schön laut. Die Kinder sollen versuchen, den Ton möglichst lange zu hören. Wer den Ton nicht mehr hören kann, öffnet die Augen, bleibt aber still, bis alle die Augen geöffnet haben (oder die Erzieherin abbricht).

Variation: Die Kinder haben erst die Arme erhoben und sollen sie in dem Maße senken, in dem der Ton leiser wird. Wer gar nichts mehr hört, läßt die Arme auf den Oberschenkeln ruhen und öffnet die Augen.

Stecknadel hören

Auf die Redewendung „... so still, daß man eine Stecknadel fallen hören könnte" eingehen. Die Kinder auffordern: Wir probieren einmal, ob das geht. Warten, bis alle ruhig geworden sind, dann eine Stecknadel oder einen ähnlichen Gegenstand fallen lassen. Frage: War das für alle zu hören?

Minute schätzen

Alle sitzen im Stuhlhalbkreis. Zunächst sollen die Kinder den Sekundenzeiger eines mitgebrachten Weckers eine Minute lang verfolgen (den Halbkreis entsprechend stellen). Dann schließen sie die Augen. Die Erzieherin schlägt einen Gong. Die Kinder sollen vom Gong an die Augen eine Minute lang geschlossen halten. Wer meint, die Minute sei um, öffnet die Augen. Die Erzieherin wartet ab, bis alle die Augen geöffnet haben. Falls nach einer Minute noch nicht alle die Augen geöffnet haben, zeigt sie optisch an, daß die Minute um ist (hebt beispielsweise die Hand). Die Kinder sollen aber noch ruhig sein, bis alle die Augen offen haben.

Geräusche raten

Die Erzieherin bringt einen tragbaren Kassettenrekorder, mit dem sie draußen Aufnahmen gemacht hat, in einer bestimmten Umgebung oder auch in verschiedenen Umgebungen. Die Kinder sollen raten, was das alles für Geräusche sind.

Variation: Sie hören das Band erst an, ohne etwas dazu zu sagen. Stattdessen soll jedes Kind zu einem von den gehörten Geräuschen ein Bild malen. Anschließend raten die anderen Kinder, zu welchem Geräusch die einzelnen Bilder gehören.

Erweiterung: Die Kinder sollen zusammen die Bilder in eine Reihenfolge bringen und eine Geschichte dazu erfinden. Oder: Jedes Kind soll das einmal tun; die anderen hören zu.

Ist das zu hören?

Zunächst wird mit den Kindern geredet, ob bestimmte Dinge wohl zu hören sind: der Wind, das Fallen von Schneeflocken, das Wachsen von Gras, das Wachsen und die Bewegungen eines Baumes usw. Dann geht die Gruppe hinaus und untersucht das.

Variation: Auch im Zimmer gibt es einiges, von dem nicht klar ist, ob es gehört werden kann oder nicht. Wieder setzen sich erst alle zusammen und sammeln Einfälle bzw. raten bei dem, was die Erzieherin nennt: Fallenlassen eines großen Stücks Papier, Fallenlassen eines Papierblocks, Fallenlassen einer Feder, ein Papierflieger, ein im Kreis geschwungenes Seil, das Wasser in der Zentralheizung, der eigene Atem, der Atem eines anderen Kindes, eine Kerzenflamme.

Wörter lauschen

Die Kinder sind in einem Raum. Es wird vereinbart, daß sie dort bleiben, im Stuhlkreis, und ganz still sind und lauschen. Die Erzieherin geht hinaus, läßt aber die Türe halb offen. Draußen flüstert sie hinter der Tür ein Wort. Erst ganz leise. Dann von Mal zu Mal lauter. Wer meint, das Wort verstanden zu haben, geht hinaus und flüstert es ihr ins Ohr. Wenn es richtig war, bleibt das Kind hinter der Erzieherin stehen. Wenn es falsch war, geht es zurück in den Stuhlkreis. Wenn das Wort versehentlich verraten wurde, macht die Erzieherin einfach mit einem anderen weiter. Wenn etwa ein Drittel der Kinder hinter der Erzieherin steht, wird abgebrochen.

Variation: Wenn die Übung bereits bekannt ist, kann auch versucht werden, Namen zu flüstern. Nur das gemeinte Kind soll dann hinaus. Diese Variation ist aber viel schwieriger, da der Name von anderen, die ihn bereits verstanden haben, gern verraten wird.

Hörbilder

Nach einem Hörspaziergang oder der Übung „Das offene Fenster" wird gemalt. Die Kinder sollen etwas von dem Gehörten malen, ohne es direkt darzustellen. Es geht also darum, beispielsweise das Lied eines Vogels zu malen, aber ohne den Vogel. Oder das Summen einer Biene ohne die Biene, das Brummen eines Flugzeuges ohne das Flugzeug, das Autogeräusch ohne ein Auto.

Wo bewegt es sich nun?

Die Kinder stehen gut verteilt im Raum. Sie haben die Augen geschlossen und sind ganz still. Ein Kind spielt die Katze. Es bewegt sich langsam auf allen Vieren im Raum und miaut dabei (nicht zu laut, aber sehr häufig). Alle Kinder zeigen mit einer Hand immer in die Richtung, aus der die Katze miaut. Ab und zu ruft die Erzieherin „Augen auf!". Die Kinder öffnen dann die Augen und können überprüfen, ob sie richtig zeigen. Dann werden die Augen wieder geschlossen.

Variation: Das Spiel kann natürlich auch mit anderen Tieren gespielt werden. Und auch Autos oder Züge oder Flugzeuge können als Signalgeber verwendet werden.

Elefant lauscht

Anleitung etwa: „Lärm mag der Elefant nicht, in seine Ohren passen aber die feinsten Töne hinein. Stellt euch vor, selbst so ein Elefant zu sein. Schließt die Augen, und stellt es euch innerlich vor. Da steht er, der Elefant, die Füße fest auf dem Boden. Er atmet die Luft langsam aus und zieht sie wieder tief ein ... Langsam aus – und tief wieder ein ... Der Elefant macht selbst gar nichts, er atmet nur still und lauscht ganz genau, was um ihn herum alles passiert. Seid ein Weilchen ganz dieser Elefant und achtet darauf, was alles passiert ... Und jetzt macht die Augen wieder auf, aber seid noch ein Weilchen ganz der achtsame Elefant. Ganz still ist er und achtet nur darauf, was alles um ihn herum passiert."

Variation: Zum Beispiel nach einem etwas aufregenden Spiel den lauschenden Elefanten spielen, nachdem er einen mächtigen Wutanfall gehabt hat, etwa weil ihm ein paar Bäume in seinem Weg durch den Dschungel standen. „Stellt euch vor, wie der Elefant ganz ruhig wird. Denn Elefanten sind klug, er weiß genau, daß seine Wut nichts bringt, daß sie ihm selbst bloß schadet. Um wieder ruhig zu werden, steht er ganz still, er atmet langsam aus und tief wieder ein ... er macht selbst gar nichts und lauscht ein Weilchen nur dem, was um ihn herum passiert."

Kleiner Bär lauscht

Die Kinder sitzen im Stuhlkreis. Anleitung etwa: „Stellt euch vor, einmal ganz der kleine Bär zu sein. Schließt die Augen. Der kleine Bär ist den ganzen Weg bis zu seiner Höhle gerannt. Aber so aufgeregt will er nicht hinein, zu den anderen. So steht er erst still, die Beine fest auf dem Boden. Er atmet langsam aus und tief wieder ein … langsam aus und tief wieder ein … ruhig aus und ruhig wieder ein … er macht ein Weilchen lang gar nichts und achtet nur ganz genau auf alles, was um ihn herum passiert. So steht er ein Weilchen nur da, atmet ruhig aus und ein und achtet auf seine Umgebung … Jetzt macht die Augen wieder auf, aber achtet noch ein kleines Weilchen nur auf eure Umgebung, ohne zu reden, ganz wie der kleine Bär."

Kätzchen lauscht[3]

Besonders gut im Anschluß an eine lebhafte Aktivität. Die Kinder liegen auf dem Boden. Jedes soll sich so hinlegen, daß es sich am wohlsten fühlt. Anleitung etwa: „Schließt die Augen, und stellt euch vor, ein Kätzchen zu sein. Das Kätzchen hat den ganzen Tag draußen herumgetollt. Nun ist es wieder daheim, auf dem Heuboden seiner alten Scheune. Da hat es sich hingelegt und achtet einmal nur auf sich selbst. Es fühlt, wie seine Glieder noch etwas aufgeregt sind – aber langsam werden sie ruhiger. Als das Kätzchen daliegt und sich seine Glieder vorstellt, merkt es, daß sie ruhiger und ruhiger werden. Bald sind sie ganz ruhig. Fühlst du, wie ruhig das kleine Kätzchen nun ist? … Das Kätzchen merkt, wie seine Glieder schwer werden, schön schwer. Und schwer wird sein ganzer Körper. Das kleine Kätzchen fühlt sich schön schwer. Fühlst du, wie schwer das

---

[3] Eine ganz ähnliche Anleitung wird auch als Abschluß von Entspannungsgeschichten für Kinder gebraucht, siehe beispielsweise in: Volker Friebel, Andrea Erkert, Sabine Friedrich: Kreative Entspannung im Kindergarten. Lambertus Verlag, Freiburg, 2. Auflage 1994.

kleine Kätzchen nun ist? ... Und das kleine Kätzchen merkt, wie seine Glieder warm werden, schön warm. Und die Wärme strömt durch seinen ganzen Körper hindurch. Das kleine Kätzchen fühlt sich bald wohlig warm. Fühlst du, wie warm das kleine Kätzchen nun ist? ... Und das Kätzchen lauscht seinem Atem nach. Das macht es immer, wenn es aufgeregt war und ruhig werden möchte. Sein Atem geht aus – und ein ... aus – und ein ... aus – und ein ... ganz ruhig und gleichmäßig, ganz von allein. Das Kätzchen lauscht seinem Atem nach ... Das kleine Kätzchen fühlt sich ruhig, schwer und warm, es ist ruhig, schwer und warm. So liegt es da, einfach nur da, und fühlt die Kraft tief in sich wachsen."

Sinnesübungen: Sehen

Die zweite Gruppe von Sinnesübungen zu Stille und Achtsamkeit beschäftigt sich mit dem Sehen. Dabei geht es nicht nur um das genauere Betrachten äußerer Gegenstände, sondern auch um die Verbindung von Gegenständen mit der eigenen Fantasie, und (eingeschränkt) um innere Bilder. Es kann auch interessant sein, Kinder einmal aufzufordern, ihre Wahrnehmung bewußt zu verändern. Beispielsweise könnte gesagt werden: „Und jetzt versucht einmal, alles im Zimmer mit den Augen einer Katze (oder eines kleinen Bären oder eines Löwen) anzuschauen." Anfangs ist das für die meisten Kinder recht schwierig, aber wiederholte Aufforderungen zu einer solchen Einfühlung werden nicht ohne Wirkung bleiben.

Wenn sie in andere Umgebungen kommen, lernen Kinder immer neue Gegenstände kennen, *verbreitern* sozusagen ihr Wahrnehmungsfeld. Das ist wichtig. Solche Sinnesübungen können aber etwas Zusätzliches leisten, sie können dazu beitragen, die Wahrnehmung zu *vertiefen*, auch andere Aspekte eines bestimmten Gegenstandes herauszufinden oder einen Wahrnehmungsbereich differenzierter zu betrachten.

Die folgenden Übungen sind als Anregungen zu verstehen, es sind noch sehr viel mehr möglich. Zum Sehen wurden weniger Übungen aufgeführt, da wir unsere Aufmerksamkeit üblicherweise sehr stark auf dieses Sinnesorgan fixieren. Ein Umschwenken der Aufmerksamkeit kann aber in der Regel leichter und tiefer erreicht werden, wenn auch das Sinnesorgan gewechselt wird, wenn also die Konzentration auf dem Hören, Fühlen, Riechen oder Schmecken liegt.

Bild-Meditation

Die Kinder sitzen im Stuhlkreis. Ein großes Bild (beispielsweise ein Kalenderblatt) wird gezeigt. Das Bild (Foto, Gemälde) zeigt eine schöne Landschaft, am Meer vielleicht oder im Gebirge. Die Kinder sollen das Bild genau betrachten, aber zunächst noch nichts dazu sagen. Nach einer Zeit schließen die Kinder die Augen und sollen sich das Bild genau vorstellen, in allen Einzelheiten. Nach einer Minute etwa erklingt die Triangel. Die Kinder öffnen die Augen und berichten ihre Eindrücke. Konnten sie sich das Bild gut vorstellen? Welche Einzelheiten waren ihnen besonders im Gedächtnis?

Variation: Die Kinder sollen sich eine Geschichte ausdenken, die in diesem Bild spielt.

Dinge merken

Jedes Kind soll sich – draußen oder drinnen – einen kleinen Gegenstand suchen, ihn den anderen aber noch nicht zeigen. Dann setzen sich alle im Kreis. Jedes Kind legt seinen Gegenstand vor sich. Die Kinder sollen nun schauen, was für Gegenstände die anderen haben und sich alles genau merken. Dann werden die Dinge weggelegt, daß sie nicht mehr zu sehen sind. Dann wird gefragt. So kann beispielsweise jedes Kind ein anderes Kind fragen, was es selbst denn vor sich liegen hatte. Je nach Größe der Gruppe können die Fragen auch noch enger gestellt, das genaue Aussehen des Gegenstandes erfragt werden.

Lichter

Eine Übung für die dunkle Zeit, in der der Einfluß unterschiedlicher Beleuchtung auf die Dinge gezeigt wird. Die Kinder sollen sich (zum normalen Deckenlicht) im Zimmer umschauen. Dann werden Kerzen angezündet und das Deckenlicht ausgeschaltet. Wieder sollen die Kinder genau schauen, was sich verändert, aber noch nicht sprechen. Dann wird wieder das

Deckenlicht angeschaltet. Und nochmals aus, daß nur die Kerzen leuchten. Und dann wird darüber gesprochen: Die Kinder
berichten, was ihnen aufgefallen ist.

Kerzentanz

In der Mitte des Stuhlkreises steht eine große Kerze. Daran
werden Teelichter entzündet, bis vor jedem Kind eines steht.
Jetzt soll jedes Kind eine Minute lang nur seine Flamme beobachten. Dann werden die Augen geschlossen. Die Kinder sollen
darauf achten, was sich tut. Sieht man die Flamme? Oder etwas
Ähnliches? Aber zunächst nicht darüber reden, erst nach einer
halben oder ganzen Minute, wenn alle gemeinsam die Augen
wieder öffnen.

Dunkel und Licht

Die Kinder kommen in den verdunkelten Raum (*ganz* dunkel
sollte es aber nicht sein, das kann auch Angst auslösen; wenn es
etwas „unheimlich" wirkt, ist es in Ordnung). Wenn sich ihre
Augen etwas an die Dunkelheit gewöhnt haben, gehen alle zusammen in die Zimmermitte und setzen sich dort nieder, eng
beieinander. So bleiben sie einige Zeit, dann wird in der Mitte
ein Raum freigemacht, in den die Erzieherin eine oder mehrere
Kerzen stellt und anzündet. Dann wird über Dunkel und Licht
geredet. Die Erzieherin fragt hier beispielsweise die Kinder, ob
ihnen etwas aufgefallen sei, an der Lautstärke, mit der sie
draußen im Licht, im Dunkel des Raumes und dann im Kerzen-
licht redeten. Auch ob ihnen etwas an ihren Bewegungen aufgefallen sei, im Licht und dann im Dunkel. Weshalb brauchen wir
Licht? Und warum ist manchmal das Dunkel so schön und das
Dämmerlicht? Was fällt den Kindern zu Licht alles ein? Und
was zu Dunkelheit?

Stillelicht

Die Kinder haben von zu Hause kleine Gläser mitgebracht, zum Beispiel Ateltegläschen, das Etikett ist schon abgemacht (eine Zeit in warmes Wasser einweichen). Die Erzieherin hat Teelichter besorgt. Jetzt kommt jedes Kind (in einer Reihe) mit seinem Glas. Ein Teelicht wird an einer großen Kerze angezündet und in das Glas getan. Wenn ein Kind sein Stillelicht bekommen hat, darf nicht mehr geredet werden. Die Kinder laufen weiter, im Kreis, bis jedes Kind sein Stillelicht hat und der Kreis vollständig ist. Dann setzen sich die Kinder, das Stillelicht steht vor ihnen, zur Kreismitte hin. Wird die Übung zum erstenmal gemacht, kann gesagt werden, daß die Kinder einfach eine Zeit (etwa zwei Minuten) den Kreis der Stillelichter betrachten sollen, ohne zu reden. Später kann das Stillelicht zur Einführung einer beliebigen anderen Stilleübung geholt werden, die im Sitzen oder Liegen stattfindet.

Lebendig werden

Die Erzieherin zeigt eine Puppe oder das Foto einer Puppe. Die Kinder sollen sie genau betrachten. Dann schließen sie die Augen und stellen sich die Puppe vor. Sie lassen in ihrer Vorstellung die Puppe lebendig werden und eine einfache Geschichte erleben (Anregungen können sein: Geht durch den Garten, tanzt im Zimmer). Nach ein paar Minuten ertönt der Gong. Die Kinder machen die Augen auf und berichten, ob die Puppe lebendig geworden ist und was sie erlebt hat. Oder sie malen etwas dazu, das anschließend besprochen wird.

Dinge verbinden

In der Mitte des Kinderkreises liegt eine Anzahl von kleinen Gegenständen, beispielsweise ein Kieselstein, ein Tannenzapfen, eine Kerze, ein Zweig, ein Blatt, ein Büschel Gras, eine Blume. Die Kinder sollen alle Gegenstände schweigend betrachten.

Und dann soll jedes Kind sich in Gedanken zwei dieser Gegenstände heraussuchen (aber den anderen nicht verraten, welche) und eine kleine Geschichte erfinden, in der diese Gegenstände vorkommen. Die Geschichten können (zeitlich begrenzt) nacheinander erzählt werden. Die anderen Kinder hören schweigend zu. Erst am Schluß der Geschichte raten sie, welche zwei Gegenstände aus der Kreismitte für die Geschichte verwendet wurden.

Erweiterung: Wenn das Spiel bekannt ist und den Kinder gut kleine Geschichten gelingen, kann die Anzahl der zu verwendenden Dinge erhöht werden, auf drei oder mehr.

Variation: Wird das Spiel draußen im Garten oder in der freien Natur gespielt, kann auf das Auslegen von Gegenständen verzichtet werden. Die Kinder sollen sich einfach schweigend rings umschauen, und dann erfinden sie eine Geschichte, in der zwei oder mehr Gegenstände der Umgebung vorkommen, beispielsweise der Apfelbaum oder das lange Gras oder die Wolken am Himmel oder die Sonne.

Wellenschauen

Die Kinder haben kleine Steine oder Murmeln oder ähnliches mitgebracht. Eine große Schüssel mit Wasser (nicht zu gut gefüllt) steht in der Mitte des Raumes, die Kinder sitzen so um sie herum, daß sie das Wasser gut sehen können. Nacheinander treten die Kinder nun vor und werfen ihre Steine aus nicht zu großer Höhe in die Schüssel. Alle Kinder beobachten die Wellen nach einem Plumpser. Wenn die Wellen verschwunden sind, kommt das nächste Kind an die Reihe. Es darf gesprochen werden, aber nur leise und nur über Wasser und Wellen.

Variation: Siehe die Übung „Am See" für draußen, an einem stehenden Gewässer.

Nah und fern

Einige Blätter von Büschen oder Bäumen wurden bereitgelegt, vielleicht von einem Spaziergang mitgebracht. Es soll betrachtet werden, wie Gegenstände der Natur aus unterschiedlicher Entfernung unterschiedliche, aber sehr ähnliche Strukturen aufweisen. Jedes Kind sucht sich ein Blatt aus. Die Erzieherin gibt ein Zeichen (beispielsweise Gong), und das Blatt wird zunächst in den ausgestreckten Armen von weitem betrachtet. Dabei soll nicht gesprochen werden, sondern jedes Kind soll die Außenlinie des Blattes ganz erfassen. Nach einiger Zeit (halbe bis ganze Minute) kommt ein zweiten Zeichen (zweiter Gong), und die Kinder betrachten das Blatt jetzt von ganz nahem, betrachten die Innenstruktur des Blattes. Anschließend wird darüber geredet. Hier kann die Sprache darauf kommen, woran die Formen erinnern, nämlich an die Krone von Bäumen und die Verzweigungen von Stamm und Ästen. Der Aufbau des Kleinen findet sich im Aufbau des Großen wieder. Und auch die Adern des Blattes zeigen wieder ganz ähnliche Gliederungen, aber nicht dieselben. Das ist bei Dingen der Natur sehr häufig so. Sie lassen sich aus unterschiedlichen Entfernungen betrachten. Auch die Architektur des Menschen richtete sich lange Zeit nach dieser natürlichen Ordnung – man betrachte einmal alte Schlösser oder Burgen aus unterschiedlichen Entfernungen. In der zeitgenössischen Architektur ist das anders geworden, sie wirkt immer nur aus *einer* Entfernung schön, meist aus sehr großer. Das kann mit den Kindern auf einem Spaziergang überprüft werden.

Variation: Auf Seite 124 findet sich eine ähnliche Übung für den Garten oder die freie Natur. Dort wird ein Baum von nah und fern betrachtet.

4 Sinnesübungen: Schmecken, Riechen

Sinnesübungen zu Schmecken und Riechen werden ihrer geringen Zahl wegen in diesem Abschnitt zusammengefaßt. Auch lassen sie sich gut verbinden, indem vor jedem Kosten (beispielsweise in der ersten Übung) erst einmal an den Gegenständen gerochen wird.

Früchte

In der Erntezeit wird irgendwo draußen erst ein Baum mit Früchten betrachtet, dann werden eine oder mehrere Früchte gepflückt und mitgenommen. Zuhause oder im Kindergarten werden die Früchte dann zerlegt und geteilt: Jeder bekommt ein kleines Stück. Und dann soll mit geschlossenen Augen gekostet werden. Die Kinder sollen den Geschmack gut empfinden, auch überlegen, was ihnen dazu einfällt. Das kann ein ähnlicher Geschmack sein, es kann aber auch eine Erinnerung sein, in der dieser Geschmack vorkommt. Wenn alle gegessen haben, wird darüber geredet, werden die Einfälle gesammelt.

Früchte unterscheiden

Es werden Würfel eines bestimmten Obstes ausgeteilt (Äpfel oder Birnen, die Form darf aus dem Würfel nicht ersichtlich sein). Jedes Kind bekommt einen Würfel. Alle probieren zusammen, mit geschlossenen Augen. Dann eine Raterunde: Was war das für ein Obst? (Nicht gleich „richtig" sagen, wenn eine richtige Antwort kommt, sondern alle sollen ihre Meinung nennen, dann erst kommt die Auflösung.)

Wie schmeckt das?

Die Kinder sitzen im Stuhlkreis. Die Erzieherin geht herum und gibt jedem mit einer Pipette einen Tropfen Flüssigkeit auf den Handrücken. Alle Kinder sollen dann (gemeinsamer Beginn) mit geschlossenen Augen kosten. Der Reihe nach werden verschiedene Flüssigkeiten probiert: salzige, saure, bittere, süße. Allzu Scharfes oder Alkoholisches sollte nicht darunter sein.

Getreide schmecken

In der Erntezeit werden verschiedene Getreidesorten gebracht, vielleicht auf einem gemeinsamen Spaziergang eingesammelt. Die Getreide werden zum Kosten nacheinander ausgeteilt, es wird dazu gesagt, um was für ein Getreide es sich jeweils handelt und was man damit macht.

Geschmacksbilder

Verschiedene eßbare Dinge aus der Natur (am besten vorher zusammen gesammelt) werden dargeboten (Beeren, Äpfel, Birnen, Nüsse, Getreidekörner). Jeder sucht sich etwas aus. Das Ausgesuchte (nur eine Art) wird gekostet und dann ein Bild gemalt. Es wird vorher gesagt, daß in dem Bild irgendwie der Geschmack des Gekosteten vorkommen soll, ohne daß das Gekostete zu sehen ist.

Riechdosen

Einige Riechdosen (kleine Dosen mit konzentrierten Kräutern, Nahrungsmitteln, Säften, Essig oder anderen Substanzen; aber kein Pfeffer) wurden vorbereitet. Sie werden nacheinander herumgegeben, im Stuhlkreis. Das Kind, das gerade die Riechdose hat, soll die Augen schließen, um sich ganz darauf einlassen zu können, die anderen sollen still sein. Wenn die Gruppe groß ist, können auch mehrere Riechdosen gleichzeitig im Umlauf sein, damit bei den wartenden Kindern keine Langeweile und Unruhe entsteht. Die Gerüche sollen nicht genannt werden, erst anschließend (deshalb nicht zuviele Riechdosen in einem Durchgang herumreichen).

5 Sinnesübungen: Fühlen

Begleitend zu den folgenden Übungen kann mit den Kindern auch darüber gesprochen werden, daß es Menschen gibt, die blind sind. Und manche davon sind außerdem auch noch taub, können nicht hören. Wie werden solche Menschen wohl die Welt um sich herum wahrnehmen? Was würdet ihr zuerst tun, wenn ihr nicht sehen und nicht hören könntet, aber erfahren wollt, was um euch herum vorgeht? So etwa könnten Fragen an die Kinder zu diesem Thema aussehen. Vielleicht weiß ja manches Kind, was die drei Punkte auf dem Ärmel zu bedeuten haben, was ein Blindenhund ist und weshalb manche Menschen beim Gehen einen Stock vor sich herschlendern lassen. Verständigung mit Taubstummen erfolgt vor allem über den Tastsinn. Auch an der Entwicklung technischer Geräte für Blinde wird gearbeitet. Dabei werden Informationen aus einer Videokamera auf einem Gebiet ihrer Haut in Tastimpulse umgesetzt. Über das Fühlen wird so durch Fühlbilder auf der Haut doch noch so etwas wie Sehen möglich. Gerade an der zweiten Übung kann überlegt werden, wie das im Grundsatz wohl funktioniert.

Einige Übungen zum Empfinden von Schwere und Wärme stammen aus Entspannungsübungen für Kinder. Sie können sehr gut auch isoliert als Stille- und Sinnesübungen verwendet werden. Und wenn die Kinder später einmal Entspannungsübungen durchführen sollten, wissen sie schon einiges darüber.

Formen ertasten

Die Kinder sitzen mit geschlossenen Augen im Stuhlkreis. Verschiedene geometrische Formen (das ist am einfachsten) werden herumgereicht. Sie sollen ertastet und gemerkt werden. Gesprochen wird nicht. (Beispiel: Kreis, Quadrat, Rechteck, Dreieck, Halbkreis, Stern.) Anschließend werden alle erkannten Figuren gemalt. Nicht zu viele Figuren herumgeben!

Variation: Es können auch verschiedene geometrische Figuren verborgen in einem *Säckchen* herumgehen. Die Kinder sollen hineingreifen, die Figuren erraten (aber nicht *ver*raten!) und sich merken. Anschließend wird wieder gemalt.

Zeichen auf Haut

Je zwei Kinder gehen zusammen. Eines setzt sich auf einen Stuhl, legt einen Handrücken auf den Oberschenkel und schließt die Augen. Das andere Kind zeichnet nun mit dem Finger eine geometrische Figur in die Handinnenseite dieses Kindes: einen Kreis, ein Quadrat, ein Dreieck. Das sitzende Kind rät anschließend, was für eine Figur es war. Errät es die Figur, werden die Rollen gewechselt. Das machen am besten erst die Erzieherin und ein Kind vor, dann versuchen es die anderen.

Geheimnisvoller Beutel

Die Kinder sitzen mit geschlossenen Augen im Stuhlkreis. Wie in der Variation von „Formen ertasten" wird ein Beutel herumgereicht. Aber diesmal sind keine geometrischen Figuren, sondern Gegenstände der alltäglichen Umgebung darin (beispielsweise ein Löffel, ein Bleistift, ein Radiergummi, ein Pinsel). Der Beutel geht herum, jedes Kind soll hineingreifen und zunächst für sich die Gegenstände erraten. Anschließend werden sie gemalt.

Unter dem Tisch

Alle Kinder sitzen um einen Tisch und zwar so, daß bequem etwas von Kind zu Kind weitergereicht werden kann. Die Erzie-

herin gibt nun unter dem Tisch aus einem Sack dem ersten Kind
einen Gegenstand in die Hand. Es soll ihn ertasten und dann –
immer unter dem Tisch – weitergeben, ohne ihn anzuschauen.
So werden eine Reihe von Gegenständen (Stein, Löffel, Bleistift,
Radiergummi, Schwamm usw.) herumgereicht. Es können
durchaus immer mehrere Gegenstände im Umlauf sein. Das
letzte Kind gibt die Gegenstände an die Erzieherin weiter, die
sie in ihrem Sack verschwinden läßt. Anschließend wird gera-
ten, welche Gegenstände im Umlauf waren. Die Erzieherin legt
jeden erratenen Gegenstand auf den Tisch.

Oberflächen tasten

Die Kinder sitzen mit geschlossenen Augen im Stuhlkreis. Verschiedene Materialien werden herumgegeben. Die Kinder sollen
sie nach ihren Oberflächen erkennen (beispielsweise Blech, Fell,
Pappe, Holz, Rinde).

Stoffe zuordnen

Die Kinder sitzen im Stuhlkreis. Die Augen können bei dieser
Übung geöffnet sein, geredet werden darf aber nicht. In der
Mitte des Stuhlkreises sind verschiedene Stoffe versammelt, beispielsweise in einer Kiste. Immer zwei Stoffe (beispielsweise
Stofflappen aus Baumwolle, Jute, Seide, Wolle, Leder) sind
gleich. Die Kinder gehen nun abwechselnd an die Kiste und versuchen dort, jeweils ein Paar gleicher Gegenstände herauszu-
fühlen. (Die Erzieherin mischt vor jedem Versuch neu).

Luftballon

Die Kinder sitzen mit geschlossenen Augen im Stuhlkreis. Ein
aufgeblasener Luftballon wird geholt und dem ersten Kind
übergeben. Es soll ihn befühlen: seine Größe, seine Form, die
Beschaffenheit seiner Haut. Dann wird er (unterstützt von der

Erzieherin) an das nächste Kind weitergegeben. Gesprochen wird nicht, erst wieder am Ende der Übung.

Variation: Bei einem großen Kinderkreis können auch zwei Luftballons verwendet werden und gegensinnig im Kreis herumlaufen. Aber Vorsicht, wenn sie sich begegnen!

Igelball

Je zwei Kinder gehen zusammen. Sie bekommen einen Igelball, das ist ein kleiner Massageball mit grobzackiger Oberfläche (in Fachgeschäften erhältlich; es geht aber auch beispielsweise mit einem Tennisball). Ein Kind legt sich auf den Rücken und schließt die Augen. Die Beine überkreuzen sich nicht, die Arme liegen neben dem Körper. Das Kind mit dem Igelball rollt diesen nun langsam über den Körper des Liegenden. Es rollt auch ab und zu auf der Stelle, wie bei einer Massage. Das liegende Kind soll dem Ball in Gedanken folgen, immer genau überlegen, wo er genau ist und wie sich das anfühlt. Bei älteren Kindern kann das Kind mit dem Igelball hierzu ab und zu leise eine Frage stellen („Wo ist der Ball gerade?"). Das liegende Kind antwortet leise.

Den Boden spüren

Die Kinder liegen auf dem Rücken. Die Beine sind ausgestreckt und überkreuzen sich nicht, die Arme liegen neben dem Körper. Die Augen sind geschlossen. Die Erzieherin sagt den Kindern nun, sie sollen sich vorstellen, wie ihre Glieder schwerer und schwerer werden, wie die Arme schwer werden, die Beine, der ganze Körper. Sie sollen sich vorstellen, mit ihrem schweren Körper schwer auf der Erde zu liegen, angenehm schwer. Sie sollen den Boden spüren, mit ihrem ganzen Körper. Sie sollen den Boden mit ihrem Kopf spüren, mit dem Rücken, dem Po, den Armen, den Beinen. Sie sollen spüren, wie ihr ganzer Körper angenehm schwer auf dem Boden lastet.

Hände-Schwere

Kann als Fortsetzung von „Den Boden spüren" verwendet werden. Die Kinder liegen auf dem Rücken. Die Beine sind ausgestreckt und überkreuzen sich nicht, die Arme liegen neben dem Körper, mit den Handflächen nach unten. Die Augen sind geschlossen. Die Kinder sollen sich nun vorstellen, wie ihre Hände schwer auf dem Boden lasten. Sie sollen ganz die angenehme Schwere ihrer Hände auf dem Boden empfinden. Aktiv gegen den Boden *pressen* sollen sie die Hände aber nicht, nur ihre Schwere empfinden.

Variation: Die Kinder sitzen mit geschlossenen Augen im Stuhlkreis. Die Hände liegen mit der Handfläche nach unten auf den Oberschenkeln. Die Kinder sollen sich nun vorstellen, wie ihre Hände schwerer und schwerer werden, angenehm schwer. Sie sollen aber nicht etwa die Hände gegen die Oberschenkel drücken, sondern sich nur das Gewicht vorstellen, das schwerer und schwerer wird.

Wärme am Strand

Die Kinder liegen auf dem Rücken. Die Beine sind ausgestreckt und überkreuzen sich nicht, die Arme liegen neben dem Körper, mit den Handflächen nach unten. Die Augen sind geschlossen. Die Erzieherin regt die Kinder nun dazu an, sich vorzustellen, am warmen Strand eines südlichen Meeres zu liegen. Sie sollen die warme Sonne empfinden. Dabei spricht die Erzieherin die einzelnen Körperteile an, etwa: „Du spürst, wie die Sonne auf deine Hände scheint. Deine Hände werden wärmer und wärmer. Du spürst, wie die Sonne auf deinen Leib scheint. Die Wärme der Sonne strömt durch deinen Leib. Du spürst, wie die Sonne auf deine Beine scheint. Die Wärme der Sonne strömt durch deine Beine. Die Wärme strömt durch deinen ganzen Körper. Du bist schön warm."

Hände-Wärme

Die Kinder liegen auf dem Rücken. Die Beine sind ausgestreckt und überkreuzen sich nicht, die Arme liegen neben dem Körper, mit den Handflächen nach unten. Die Augen sind geschlossen. Die Kinder sollen sich nun vorstellen, wie ihre Hände warm werden, angenehm warm. Die Kinder sollen sich das Gefühl der Wärme in ihren Händen genau vorstellen. Dazu können Hilfsvorstellungen gegeben werden, beispielsweise: warm wie in der warmen Sonne, wie im warmen Wasser, wie der Leib eines Tieres, das du streichelst.

Variation: Die Kinder sitzen mit geschlossenen Augen im Stuhlkreis. Die Hände liegen mit den Handflächen nach unten auf den Oberschenkeln. Die Kinder sollen sich nun vorstellen, wie ihre Hände wärmer und wärmer werden, angenehm warm. Hilfsvorstellungen wie bei der Bodenübung oben.

Mit den Fußsohlen fühlen

Ein Spaziergang über unterschiedliche Böden, barfuß. Drinnen gibt es vielleicht Teppichboden, Fliesen, Holzboden, Steinboden. Draußen gibt es die Wiese, vielleicht ein wenig bloße Erde, Steinplatten eines Gartenweges, auch kurzes Gehen auf dem Fußweg (Asphalt). Die Kinder sollen mit den Fußsohlen empfinden. Die Übung sollte nur durchgeführt werden, wenn die Temperatur es erlaubt, nicht gerade im Winter.

Hände

Ein Kind schließt die Augen. Die Erzieherin führt es von Kind zu Kind, jedes gibt ihm die Hand. Gesprochen wird nicht. Alle Kinder kommen einmal dran. Sie sollen sich ganz auf den Händedruck konzentrieren, wie er sich anfühlt.

Variation: Wie oben, aber nach jedem Händedruck soll das Kind raten, wer sein Gegenüber war.

Leichter und schwerer

Die Kinder sitzen im Stuhlkreis. Immer ein Kind kommt in die Mitte, wo verschiedene gleichgroße Behälter aufgebaut sind. Diese sind unterschiedlich schwer (verschieden viel Wasser oder Sand eingefüllt, was aber außen nicht sichtbar sein darf; beispielsweise gleichgroße, unterschiedlich stark gefüllte Flaschen). Das Kind soll nun durch Abwägen und Vergleichen ohne Hilfsmittel die Behälter in eine Reihe bringen, nach Gewicht. Anschließend wird wieder vertauscht, und das nächste Kind kommt dran.

Temperaturen unterscheiden

Die Kinder sitzen im Stuhlkreis. In der Mitte sind Gefäße mit Flüssigkeiten vorbereitet. Die Flüssigkeiten in je zwei Gefäßen sind gleich warm. Das jeweilige Kind soll zuordnen (mehr als vier Wärmestufen: kalt, kühl, warm, sehr warm empfehlen sich nicht).

Wollknäuel wickeln

Die Kinder sitzen im Stuhlkreis, nah beieinander. Die Augen sind geschlossen. Ein Kind hat ein Wollknäuel in der Hand. Das Fadenende behält es, das Knäuel gibt es an den Nachbar weiter (eventuell mit Unterstützung der Erzieherin). So geht das Wollknäuel im Kreis herum und wird immer weiter abgewickelt. Jedes Kind behält den Faden in der Hand. Wenn das Knäuel durch ist, öffnen alle die Augen und sehen sich das Ergebnis an. Dann läuft das Ganze rückwärts, und das Knäuel wird wieder aufgewickelt (mit offenen Augen).

Variation: Sowohl Ab- als auch Aufwickeln geschehen mit geschlossenen Augen, nur dazwischen schauen sich die Kinder das Ergebnis kurz an.

Variation: Die Erzieherin reicht weiter, und zwar über Kreuz.

Pappdeckel auflegen

Je zwei Kinder gehen zusammen. Das eine legt sich auf den Rücken, die Arme neben den Körper, die ausgestreckten Beine überkreuzen sich nicht, die Augen sind geschlossen. Das andere Kind deckt den ganzen Körper des liegenden mit Pappdeckeln ab (beispielsweise Bierdeckel, die werden von Wirtschaften abgegeben, es gehen aber auch Karteikarten oder ähnliches). Die Pappdeckel sollen möglichst gleichmäßig über den Körper des liegenden verteilt werden – durchaus auch auf das Gesicht. Das liegende Kind soll so ruhig liegen, daß keine Deckel herunterfallen. Geredet wird nicht. Wenn alle Deckel verbraucht sind, sollen sich die Austeilenden die liegenden Kinder anschauen, wie ruhig sie daliegen. Die Erzieherin sagt einige lobende Worte, dann dürfen sich die liegenden abschütteln und die Rollen werden vertauscht.

6 Übungen zum Atem

Die Übungen dieses Kapitels beschäftigen sich mit dem Atem. Der Atem reagiert deutlicher und offensichtlicher als die meisten anderen Körperfunktionen auf den Aktivitätszustand eines Menschen – und umgekehrt läßt sich über den Atem ein gewisser Einfluß auf unseren Körper und unsere Befindlichkeit nehmen. Das wird unter anderem in Entspannungsübungen genutzt. Wenn wir entspannt sind, geht unser Atem ruhig. Über die Beobachtung unseres Atems können wir so etwas über unseren Spannungszustand erfahren. Und die Beobachtung des Atems wirkt beruhigend auf unseren Spannungszustand zurück. Das ist bei allen rhythmischen Bewegungen so, deren „Takt" unterhalb unseres Herzschlages liegt. Beim Atem ist es aber besonders deutlich.

Unser Atem wird durch das vegetative (oder autonome oder unwillkürliche) Nervensystem gesteuert. Er funktioniert also, ohne daß wir bewußt atmen müßten. Aber er läßt sich ohne weiteres willkürlich beeinflussen. Das ist bei anderen Körpervorgängen, die vom vegetativen Nervensystem gesteuert werden, weniger leicht möglich. Der Atem ermöglicht uns deshalb den besten Zugang zur vegetativ gesteuerten Seite unserer Körperfunktionen.

Als „beste" Atmung gilt die Atmung durch die Nase. Denn bei der Nasenatmung wird die Atemluft nicht nur eingesogen, sondern auch noch gereinigt, und sie wird besser erwärmt und angefeuchtet. Außerdem sind die Bauch- oder Zwerchfell- von der Brustatmung zu unterscheiden. Es sollte möglichst weit unten geatmet werden, im Bauch also, nicht im Brustkorb. Das Ausatmen sollte deutlich länger, etwa doppelt so lang wie das Einatmen dauern. Der Atem strömt am leichtesten, wenn der

Bauch nicht durch zu enge Kleidung eingeschnürt ist. Auch
eine verkrümmte Haltung behindert den Atem. Ein aufrechter
Rücken gilt deshalb als die Haltung, die den besten Atemfluß
ermöglicht. Bei den hier vorgestellten Übungen geht es allerdings weniger darum, möglichst gut zu atmen, das wäre in unserem Rahmen eine Überforderung von Kindern und Kindergarten. Es geht vor allem darum, über eine Beobachtung der eigenen Atmung Ruhe zu finden.

Das bloße Beobachten der Atmung eignet sich auch sehr gut
als kleine und unauffällige Entspannungsübung für belastende
Situationen. Mit älteren Kindern kann eingeübt werden, wie damit Streß- oder Angstsituationen besser bewältigt werden können. Konzentration auf den eigenen Atem lenkt ab (was gerade
bei Angst und oft bei Streß günstig ist), Beobachtung des eigenen Atems beruhigt, es senkt den Aktivitätszustand.

Aktivität und Atem

Es wird ein Bewegungsspiel gemacht. Dann, wenn sie so richtig
„außer Atem" sind, legen sich die Kinder hin, auf den Rücken.
Die Erzieherin bittet sie, nun einmal ganz ruhig zu sein und auf
ihren eigenen Atem zu achten. Nach einer kurzen Pause fragt
sie, ob die Kinder ihren Atem wahrnehmen. Sie bittet nacheinander mehrere Kinder, ihren Atemrhythmus anzuzeigen, indem
sie während jedes Ausatmens laut „Aus" sagen, damit alle es
hören können.

Sie fordert die Kinder auf, eine Hand auf den eigenen Bauch
zu legen, ganz still zu sein und darauf zu achten, ob sie dort etwas spüren. Nach einer kurzen Pause fragt sie, was die Kinder
bemerken. Sie fragt, wenn nötig, nach, in welcher Beziehung
denn das Heben und Senken des Bauchs mit dem Ein- und dem
Ausatmen steht.

Seit sie sich hingelegt haben, müßte der Atem ruhiger geworden sein. Die Erzieherin fragt die Kinder, ob sie davon etwas
merken. Dann fragt sie, wann der Atem schnell und wann langsam geht. Über solche Situationen (Rennen, Aufregung, Einschlafen usw.) wird noch etwas geredet.

Atem des anderen

Die Hälfte der Kinder liegt auf dem Boden (Rückenlage). Neben jedem Kind sitzt oder kniet ein anderes und versucht, den Atem des liegenden zu spüren; es legt dazu seine Hand auf dessen Bauch. Die Kinder sollen ganz still sein, um den Atem des anderen eine Weile genau wahrzunehmen. Anschließend wird darüber geredet. Die Erzieherin fragt die Kinder, ob ihnen bei der Übung etwas aufgefallen ist (üblicherweise atmet das Kind, das die Hand auflegt, bald im selben Rhythmus wie das liegende Kind).

Atem-Tier

Die Kinder haben von zu Hause ihr Lieblingsplüschtier mitgebracht. Nun legen sie sich auf den Rücken, die Augen geöffnet. Das Plüschtier setzen sie auf ihren Bauch (die Erzieherin hilft). Dann sollen sie einfach beobachten, wie das Plüschtier sich mit ihrem Atem auf und nieder bewegt. Die Erzieherin sagt dazu, daß der Atem die Ruhe anzeigt. Wenn man ruhig atmet, dann ist man ruhig (die Kinder sollen ihren Atem aber nicht bewußt verändern). Das Lieblingstier zeigt ihnen nun durch sein ruhiges Wippen ihre Ruhe und Entspannung an.

Atemboot

Zuerst basteln wir zusammen Papierschiffchen. Dann legen sich die Kinder auf den Rücken, die Hände neben den Körper, die Beine sind ausgestreckt und überkreuzen sich nicht. Die Augen sind zunächst noch geöffnet. Jeder setzt sich nun sein Papierschiffchen auf den Bauch. Die Kinder sollen sich vorstellen, ein Wasser zu sein, auf dem ihr Papierschiffchen schwimmt. Das Auf und Nieder der Schiffchen mit dem Atem sei wie das Auf und Nieder von richtigen Schiffen mit den Wellen eines Gewässers. So schauen die Kinder eine Zeitlang ihrem Papierschiffchen zu. Dann schließen sie die Augen und stellen sich das

Ganze innerlich vor. Anschließend wird darüber geredet. Dabei die Frage, was für ein Gewässer sich jedes Kind vorgestellt hat: einen Bach, einen Fluß, einen See, ein Meer? Oder die eigenen Badewanne?

Stille-Atem

Die Kinder liegen auf dem Rücken, die Arme neben dem Körper, die Beine sind ausgestreckt und überkreuzen sich nicht. Die Augen werden geschlossen. Die Erzieherin sagt den Kindern, sie sollten zunächst einmal nur auf ihren Atem achten, wie er einströmt und wieder hinaus. Beeinflussen sollten sie ihn nicht, nur darauf achten. Nach einiger Zeit dann die Aufforderung, bei jedem Ausatmen noch ein Wort zu denken, sich innerlich vorzusprechen: nämlich das Wort „Stille". Und weiterhin genau auf den Atem achten!
Variation: Dasselbe im Stuhlkreis.

Feder-Atem

Die Kinder liegen auf den Rücken, die Arme neben dem Körper, die Beine sind ausgestreckt und überkreuzen sich nicht. Die Augen werden geschlossen. Die Kinder sollen sich eine Feder vorstellen, die über ihrem Mund schwebt. Bei jedem Ausatmen steigt sie ein wenig auf in die Höhe, während dem Einatmen sinkt sie langsam zurück, in ihre Ruhelage ein wenig über dem Mund. Die Kinder sollen (auf Anleitung) die Stärke der Veränderung variieren: Erst steigt die Feder sehr hoch, sinkt weit wieder zurück, dann wird es langsam weniger. Zuletzt ist die Veränderung kaum mehr wahrzunehmen.

Atem-Nicken

Die Kinder sitzen mit geschlossenen Augen im Stuhlkreis. Sie sollen genau auf ihren Atem achten. Die Erzieherin macht darauf aufmerksam, wie sich beim Einatmen der Oberkörper etwas mehr aufrichtet, Schultern und Kopf sich heben, die Wirbelsäule sich strafft. Beim Ausatmen sinken Kopf und Schultern ein wenig nach unten, der Oberkörper bewegt sich ganz leicht nach vorne. Die Kinder sollen das erst beobachten. Und dann sollen sie beim Ausatmen die Schultern noch ein wenig mehr nach unten fallen lassen, nur die Schultern, und nur immer noch ein ganz klein wenig mehr.

Aufgehende Blume

Die Kinder sitzen, entweder im Schneidersitz auf dem Boden, oder im Stuhlkreis. Jedes Kind legt die Handflächen aneinander, wie beim Gebet. Es schaut auf seine Hände. Bei jedem Einatmen öffnet es die Hände auf der ihm zugewandten Kante, schaut nun auf die Handflächen. Bei jedem Ausatmen schließt es die Hände wieder. Das ist wie eine Blume, die sich öffnet und schließt. Es kann anschließend auch darüber geredet werden, an was dieses Öffnen und Schließen der Hände die Kinder noch erinnert.

Löwenatem

Es geht um die Einführung der Bauchatmung, die als der natürliche Atem gilt. Anleitung etwa: „Die Löwenkinder haben es sich gemütlich gemacht. Sie liegen oder hocken oder sitzen, wie es ihnen gefällt. Aber eines ist ihnen dabei wichtig: nämlich, daß sie ihren Bauch gut frei haben, daß ihr Bauch nicht behindert wird. Denn wenn sie nichts zu tun haben, dann ist zufriedenes Atmen ihr bester Zeitvertreib. Und dazu brauchen sie ihren Bauch. Die Löwenkinder atmen ganz langsam aus, sie lassen die Luft ausströmen, aus ihrer Nase. Sie atmen immer nur durch ihre Nasen. Und ihre Luft holen sie von ganz tief unten, nicht aus der Brust, nein, sondern von ganz tief unten aus ihrem Bauch ... Und dann atmen sie ein, bis ganz tief hinunter in ihren Bauch. Aus – und ein, aus – und ein ... Die Löwenkinder lassen den Atem ganz langsam aus ihrer Nase streichen. Zum Einatmen lassen sie sich nicht so viel Zeit – aber zum Ausatmen ... Aus – und ein, aus – und ein ... so atmen die Löwenkinder zufrieden vor sich hin und spüren, wie ihr Atem langsam ruhiger wird, gleichmäßiger wird, immer noch ein wenig zufriedener wird."

Holzhacker (Ha-Atmung)

Die Kinder stehen im Kreis. Ihre Beine stehen leicht auseinander, die Hände sind vorne verschränkt, beispielsweise gefaltet. Es wird durch die Nase geatmet. Bei jedem Einatmen hebt das Kind die gefalteten Hände hoch, weit hinter den Kopf (als würde ein Holzhacker mit dem Beil ausholen). Bei jedem Ausatmen schwingt es die Arme nach vorne und ruft „ha" (als würde ein Holzhacker zuschlagen, mit dem Beil auf einen Holzblock vor ihm).

Das wird einigemal durchgeführt, anschließend wird darüber geredet. Hat sich der Atemrhythmus der Kinder während der Übung angeglichen? Wie wirkt das betonte Atmen und vor allem das laute „Ha" beim Ausatmen? Die Erzieherin kann darauf eingehen, daß mit dieser Übung auch Wut und Ärger oder einfach motorische Erregung abreagiert werden können. Die Übung eignet sich deshalb gut als Übergang von einer körperlichen Aktivität zu einer weiteren Stilleübung.

Atemrecken

Die Kinder stehen im Kreis. Sie sollen sich während des Einatmens immer weiter auf die Zehenspitzen stellen, sich recken, beim Ausatmen dann wieder zusammensinken. Wenn das geht, sollen sie auch die Schultern mit dem Atem heben und senken, sehr betont, übertrieben, um den Atem sichtbar zu machen.

Atem beim Gehen

Gut nach einem Bewegungsspiel. Die Kinder bilden einen weiten, lockeren Kreis. Bei jedem Ausatmen gehen sie einen Schritt weiter (individuell, keinen gemeinsamen Atem vorgeben), bei jedem Einatmen den nächsten. Sie achten nur auf ihren Atem und darauf, die Schritte richtig zu machen; niemand spricht. Die Kinder bewegen sich spiralförmig nach innen und werden dabei immer ruhiger und langsamer. Wenn sie in der Mitte angekommen sind, sind alle ganz ruhig.

Variation: In der Mitte angekommen, legen die Kinder sich hin und achten noch ein Weilchen nur auf ihren Atem, wie er aus- und einströmt.

Kerzenatem

Die Kinder sitzen mit geschlossenen Augen im Stuhlkreis. Anleitung etwa: „Vor dir im Raum brennt eine Kerze, stell dir vor, wie sie leuchtet und strahlt. Stell dir dann deinen Atem vor. Bei jedem Ausatmen geht die Kerze aus, bei jedem Einatmen geht sie wieder an. Aus und ein, aus und ein. Stell dir genau vor, wie die Flamme sich immer mit deinem Atem verändert.“

7 Übungen zur Stille und zur Vorstellungsbildung

In diesem Kapitel sind einige vermischte Übungen zur Stille und zur Vorstellungsübung zusammengestellt. Sie können als Einzelübungen oder im Rahmen einer Stillestunde durchgeführt werden.

Baum

Die Kinder sind im Raum verteilt. Sie spielen Bäume. Jedes Kind soll sich fest und sicher hinstellen. Es soll den Kontakt mit dem Boden spüren. Es soll versuchen, wie ein Baum zu empfinden. Vielleicht fühlt es, wie ein Strom der Kraft von unten, von der Erde, durch es hindurchströmt. Alle stehen ganz ruhig und still. Die Kinder sollen auch einmal versuchen, ganz tief unten im Bauch zu atmen. Immer wieder wird der Kontakt mit dem Boden angesprochen, und die Kraft, die von der Erde aus durch die Bäume strömt.

Blumengesänge

Die Kinder sitzen im Stuhlkreis. Jedes soll sich in Gedanken eine Blume aussuchen. Und dann summt immer ein Kind einen Ton oder eine kleine Melodie, die diese Blume darstellen soll. Die anderen sind dabei ganz still. Es soll etwa eine halbe Minute von jedem gesummt werden. Dann raten die anderen. Und dann kommt das nächste Kind dran.

Variation: Einiges leichter zu raten ist die Variation, daß jedes Kind einen tragenden Laut seiner Blume in den Gesang ein-

flechten soll (also „o" bei Rose, „ei" bei Veilchen, „z" bei Nar-
zisse). Den Kindern sollten vor dieser Variation schon einige
Stilleübungen bekannt sein, und es sollte vorher klar ausge-
macht werden, daß mit dem Raten immer bis nach dem Gesang
gewartet werden muß.

Stille der Steine

Die Kinder sitzen im Stuhlkreis. Es wird über Tierstimmen geredet. Die Kinder werden gebeten, sich ein bestimmtes Tier auszusuchen, dessen Stimme sie nachmachen können. Einige Stimmen werden ausprobiert.

Dann wird über Steine gesprochen, ob sie wohl Stimmen haben, warum sie wohl immer nur schweigen. Jedes Kind wird gebeten, sich einen bestimmten Stein auszusuchen: etwa einen
Kieselstein am Fluß oder einen Felsbrocken.

Dann wird vereinbart, daß jedes Kind gleich seine Tierstimme machen soll, alle zusammen, durcheinander – daß aber jedes
Kind so still wie sein Stein wird, wenn sein Name von der Erzieherin gerufen wird. Wird das Kind zum zweitenmal gerufen,
macht es seine Tierstimme weiter, beim dritten Aufruf schweigt
es wieder wie ein Stein. Es wird dazu gesagt, daß Steine sehr genau auf das achten, was um sie herum vorgeht. Die Kinder sollten also auch sehr genau achtgeben, was sonst passiert, wenn sie
mit dem Schweigen des Steines dran sind.

Dann beginnt die Übung. Die Erzieherin ruft nacheinander
jedes Kind mindestens einmal zur Stille und wieder zurück zu
seiner Tierstimme. Die Übung endet, indem ein Kind nach dem
anderen zur Steinstille gerufen wird, bis alle schweigen und
achtgeben. Das einige Zeit aushalten lassen, dann abbrechen
und über die Übung reden.

Der Ton der Stille

Die Kinder sitzen im Stuhlkreis. Es wird über Stille geredet. Die
Erzieherin sagt, daß Stille ja eigentlich bedeutet, daß nicht, zu

hören ist. Aber wenn man ganz genau hinhört, ob dann nicht vielleicht doch etwas zu hören sei, nämlich eben die Stille? Die Kinder sollen sich dazu äußern. Dann die Aufforderung: Erst einmal alle ganz still sein, und dann macht nacheinander jedes Kind einen Ton oder ein Geräusch, das für es selbst der Stille am nächsten kommt.

Farben der Stille

Die Kinder sitzen im Stuhlkreis. Sie schließen die Augen. Die Erzieherin bittet sie, einmal ganz still zu sein und in sich hineinzuschauen. Sie sollen herausfinden, welche Farbe die Stille hat, welche Farbe in dieser Stille in ihnen auftaucht. Einige Zeit lassen.

Anschließend wird darüber geredet. Zunächst, ob es mit dem Stillesein geklappt hat. Dann über die Farbe. Jedes Kind sagt, welche Farbe in ihm aufgetaucht ist. Und, wenn möglich, sagt es auch noch, weshalb seiner Meinung nach gerade diese Farbe die Farbe der Stille ist. Die Erzieherin geht darauf ein, daß (aller Voraussicht nach) ganz unterschiedliche Farben gesehen und genannt werden. Das sei ganz richtig so, jedes Kind hat seine eigene Farbe der Stille.

Aaaa – und Stille

Die Kinder sitzen im Stuhlkreis. Es werden zusammen die Vokale gesungen, immer nur auf einem Ton, den die Erzieherin vorher angibt. Zwischen den Vokalen ist Stille. Die Kinder sollen dabei ganz den Tönen nachlauschen.

Klatschen und – Stille

Die Kinder sitzen im Stuhlkreis. Erst werden verschiedene Zeichen verabredet: ein Zeichen für die Gesamtgruppe, je ein Zeichen für verschiedene Untergruppen, ein Zeichen für niemand.

Erst klatschen alle zusammen in die Hände, dann nur einzelne Untergruppen (je nach den Zeichen der Erzieherin), und die anderen hören zu. Zwischen den Gruppenwechseln immer das Zeichen für niemand, für Stille. Erst ganz kurz nur, im Laufe der Übung diesen Teil immer etwas länger aushalten, die Stille immer mehr hervortreten lassen.

Variation: Den einzelnen Gruppen können auch verschiedene Arten von Klatschen zugewiesen werden: die einen normal, mit den Handinnenflächen gegeneinander, die nächsten Handinnenseite gegen Handrücken, die nächsten eine Hand gegen den entsprechenden Oberschenkel, die nächsten beide Hände gegen die Oberschenkel ...

Stille merken

Hilfe für Kinder, still zu sein: Wenn sie merken, daß es gerade nötig wäre, dann sollen sie sich in eine Stillefigur bzw. Stilleszene hineinversetzen und diese sozusagen innerlich spielen. Beispielsweise: „Kleiner Bär lauscht" oder „Kätzchen lauscht" oder „Stille der Steine" nur für sich. Aufgabe nach einer dieser Übungen (die dann schon bekannt sein sollte): Jedes Kind soll es einmal an diesem Kindergartentag noch versuchen, nur für sich. Am Endes des Tages dann die Frage, wer es versucht hat. Bei wem es nicht geklappt hat, der wird auf den nächsten Kindergartentag vertröstet, da probieren wir es nochmal.

Im Auge des Sturmes

Im Innern der größten Stürme, der Hurrikane, ist es ganz ruhig. In dieser Stille aber liegt die größte Kraft eines Sturmes – so etwa sollte die folgende Übung für die Kinder eingeleitet werden. Oder auch über Sprichwörter wie „Stille Wasser sind tief", „Die stillsten Worte bringen den Sturm", über alles, bei dem Stille mit Kraft verbunden wird. Dann kann übergeleitet werden auf die Welt des Kindes. Die größte Kraft haben Menschen, die innerlich ruhig sind. Die innere Ruhe, für die kann man auch selbst etwas tun, und das machen wir beim folgenden Spiel. Wir suchen die Kraft im Innern des Sturmes. Dann beginnt die Übung. Die Kinder liegen auf dem Boden oder sitzen im Stuhlkreis. Die Augen sind geschlossen. Anleitung etwa:

„Stell dir vor, mitten im Auge eines gewaltigen Sturmes zu sein. Um dich wirbeln die Winde das Meer auf, brausen über Palmeninseln dahin, jagen die Wolkenfronten über den Himmel, treiben Flutwellen weit die Strände hinauf. Im Auge des Sturmes aber ist es ganz ruhig. Kein Lüftchen weht – und doch ist hier das Zentrum all dieser Kraft. Stell dir all den Sturm um dich vor – und dann im Auge des Sturmes dich selbst, ganz ruhig, ganz sicher. Stell dir vor, wie die stille Kraft in dir wächst und wächst …“

Nach einiger Zeit beenden und über die Vorstellungen reden. Eventuell noch dazu malen lassen – und zwar gerade das Auge des Sturmes.

Der weite Himmel

In dieser Übung wird Ruhe über die Vorstellung des weiten Himmels eingeleitet. Die Kinder liegen am besten auf dem Boden, es geht aber auch im Sitzen. Die Augen sind geschlossen. Anleitung etwa:

„Stell dir den weiten Himmel vor. Nur den Himmel, seine Weite und Bläue, ganz unermeßlich weit und gewaltig. Vielleicht treiben ein paar weiße Wolken hindurch – die sind wie deine Gedanken. Sie kommen und treiben und verschwinden wieder. Immer aber ist da die gewaltige Weite des Himmels, ganz ruhig und still und voller Kraft. Stell dir die Stille und Weite und Kraft vor.“

Einige Zeit lassen, dann beenden und noch etwas über die Vorstellung reden.

Wasser

Die Kinder liegen am Boden, die Augen sind geschlossen. Anleitung etwa:

„Stell dir erst einen Gebirgsbach vor: Eilig braust er über die Steine, stürzt Felswände hinunter, sein Wasser ist immer in Bewegung, links und rechts sind nur Felsen ... Dann stell dir einen Wiesenbach vor. Zwischen den Weiden murmelt er dahin. Er ist schon breiter und tiefer als der Gebirgsbach. Munter fließt er durch ein schönes Tal ... Dann stell dir einen Fluß vor. Hohe Pappeln säumen die Ufer. Das Wasser ist tief und breit. Der Fluß fließt nur noch langsam, kaum mehr zu hören – aber er hat die Kraft all der Gebirgs- und Wiesenbäche tief in sich ... Und dann stell dir das Meer vor, draußen, wo es nur noch weit ist, von Horizont zu Horizont nur diese glatte Fläche, vielleicht irgendwo die Segel eines Bootes, kaum zu erkennen. Wenn du zu tauchen versuchst, merkst du, wie tief das Wasser hier ist. Bunte Fische schwimmen um dich. Das Wasser ist völlig still."

Anschließend noch darüber reden: Das Wasser wird immer stiller, je mächtiger es ist.

Meereserkundung

Die Kinder liegen auf dem Boden, ihre Augen sind geschlossen. Anleitung etwa:

„Stell dir vor, du bist mit anderen zusammen auf einem Segelschiff. Ihr wollt tauchen lernen, richtig mit Taucheranzug und allem, auf hoher See. Die Planken des Bootes knarren in ihrem Auf und Ab auf den Wogen. Wind bläst ins Segel und pfeift dir um deine Ohren. Die Wogen rauschen mächtig und gleichmäßig. Möwen schreien am Himmel. Du spürst einen salzigen Geschmack auf der Zunge, das Salz der Meeresluft ...

Die Männer helfen euch in die Taucheranzüge. Die Helme werden zugeklappt, die Anzüge geschlossen. Es wird gleich viel stiller. Ihr steigt langsam ins Wasser. Einige Männer steigen mit euch hinein. Langsam taucht ihr dann alle zusammen ins Meer.

Du schaust hinauf: Über dir schaukelt die Unterseite des Bootes im Wellenspiel. Du schaust hinab: undurchdringliche Bläue. Um dich tauchen die anderen Kinder und die Männer vom Boot. Es geht langsam tiefer und tiefer. Ein paar Fische umspielen euch neugierig. Ein Tintenfisch kommt heran und verschwindet schnell wieder, als er euch sieht. Es wird immer stiller. Du hörst nur noch deinen eigenen Atem …

Tiefer sinkt ihr und tiefer. Du fühlst dich gut hier. Du schaust wieder nach unten: Etwas Weißes schimmert dort nun … Immer noch sinkt ihr tiefer. Immer noch wird es stiller und stiller … Dann berührst du den Meeresboden. Es ist weißer Sand. Du stehst sicher und schaust dich um. Um dich sind die anderen angekommen. Ihr treibt langsam über den Meeresgrund … An einer Korallenbank schwimmen bunte Fische durch das Wirrwarr der Felsen. Es ist völlig still. All das gewaltige Wasser um euch ist still. Nur dein eigener Atem geht aus und ein, aus und ein, aus und ein … Ihr erkundet die Korallenbank …

Einer der Männer macht ein Zeichen: Es ist Zeit zu gehen. Langsam steigt ihr wieder nach oben. Du merkst, wie es langsam heller wird. Bald meinst du, das Geräusch der Wellen hören zu können. Lauter wird es und lauter … Dann kommt ihr an die Oberfläche. Die Männer auf dem Boot helfen euch hinauf. Du schlägst den Helm zurück. Da sind nun wieder alle Geräusche."

Wolken ziehen

Die Kinder liegen auf dem Boden oder sitzen im Stuhlkreis. Die Augen sind geschlossen. Anleitung etwa: „Wir stellen uns jetzt die Wolken am Himmel vor, wie sie ziehen, immer weiter ziehen, über das Land. Vielleicht stellst du dir vor, auch als Wolke mitzuziehen und die Länder von oben zu betrachten. Oder du schaust von unten auf die Wolken und siehst einfach zu, wie immer neue vorüberziehen."

Stille, dann der Gong, es wird darüber gesprochen. Wenn es passend erscheint, kann dann umgedreht werden: Wer oben mit den Wolken mitgewandert ist, soll nun von unten betrachten; wer von unten betrachtet hat, soll nun als Wolke mitwandern.

Anschließend über den Unterschied zwischen beidem sprechen, ob etwas aufgefallen ist.

Kreis

Die Kinder liegen auf dem Boden oder sitzen im Stuhlkreis. Die Augen sind geschlossen. Anleitung etwa: „Sicher kennt ihr das Malspiel: Jemand malt einen Kreis, und ein anderer macht dann aus dem Kreis etwas: die Sonne, ein Wagenrad, ein Gesicht oder so. Das können wir später auch mal mit Stiften und Papier machen. Aber jetzt versuchen wir es einmal in der Vorstellung. Jeder stellt sich jetzt also einen Kreis *(Alternativen: ein Viereck, einen Balken, einen Strich)* vor. Und dann macht jeder etwas daraus. Was ihm dazu einfällt. Und alles prägt er sich genau ein, denn nachher reden wir darüber."

Stille, dann der Gong, Gespräch darüber.

Eine Person

Die Kinder sitzen im Stuhlkreis. In die Mitte wird ein Gegenstand gestellt, beispielsweise ein leerer Stuhl, eine Vase, ein Ball. Anleitung etwa: „Schaut euch diesen Gegenstand genau an. – Und dann schließt die Augen. Stellt euch jetzt einen Menschen vor, der mit diesem Gegenstand etwas macht. Es kann ein Kind oder ein Erwachsener sein, jemand, den ihr kennt, oder jemand, den es gar nicht gibt, den ihr euch eben nur vorstellt. Und stellt euch vor, *was* dieser Jemand mit dem Gegenstand macht. Anschließend sprechen wir darüber."

Stille, dann der Gong, das Gespräch. Darauf eingehen, wie verschieden das alles ist, was vorgestellt wurde, und daß doch jedes seine Berechtigung hat.

Traumlandschaft

Die Kinder liegen auf dem Boden oder sitzen im Stuhlkreis. Die Augen sind geschlossen. Anleitung etwa: „Jeder stellt sich jetzt die Landschaft vor, in der er sich am wohlsten fühlen würde. Das kann eine Fantasielandschaft sein oder eine, die es in Wirklichkeit gibt, wo jemand schon einmal war und es ihm gut gefallen hat. Es kann am Meer sein, in einem Gebirge, in einem Wald, auf einer weiten Ebene, an einem Fluß, an einem Bach, an einem See, in einem Garten, auf einer Wiese oder wo auch immer *(Anmerkung: Vor allem bei Kindern, die noch wenig Erfahrungen mit solchen Übungen haben, ist es günstig, allgemeine Beispiele zu nennen, um Anregungen zu geben)*. Jeder stellt sich genau vor, wie die Landschaft aussieht und was es alles für Pflanzen, Tiere, Menschen oder Gegenstände dort gibt. Anschließend sprechen wir darüber und malen ein Bild dazu."

Eine Minute Stille, dann ein Gong oder ähnliches. Die Landschaft wird besprochen und gemalt.

Höhle bauen

Decken und Stühle werden benötigt, denn die Kinder dürfen sich Höhlen bauen. Dazu werden einfach Decken über passend gestellte Stühle geworfen, so daß Hohlräume entstehen. Die Kinder dürfen hinein. Die Erzieherin geht einmal herum und schaut in jede Höhle hinein. Dann werden die Höhlen wieder abgebaut, und es wird darüber geredet. Mögliche Themen dabei: Welche Tiere leben in Höhlen? Weshalb mögen Kinder Höhlen und Verstecke so gern? Weshalb werden sie (in aller Regel) stiller, wenn sie in einer Höhle sind?

Wort-Meditation

Die Kinder sitzen entweder im Stuhlkreis, oder sie liegen auf dem Boden, die Augen sind geschlossen. Die Erzieherin sagt ein Wort, beispielsweise „Stille", langsam in den Raum. Nach etwa zehn Sekunden wird es wiederholt. Die Kinder sollen das Wort in sich nachklingen lassen. Nach etwa einer Minute wird über ihren Eindruck geredet, oder die Kinder malen etwas dazu.

Variation: Das kann auch mit einem ganzen Satz versucht werden.

Geben

Die Kinder liegen auf dem Boden oder sitzen im Stuhlkreis. Die Augen sind geschlossen. Anleitung etwa: „Stell dir vor, du hast etwas in der Hand, das du jemand anderem geben möchtest. Es ist etwas, das dir sehr wichtig ist, vielleicht ein Gegenstand, vielleicht eine Idee, vielleicht auch ein Gefühl. Du hast es in deiner Hand und gehst in Gedanken damit zu jemand, der dir etwas bedeutet. Stell dir vor, wie du langsam zu ihm gehst, in deinen Händen das, was du ihm geben willst. Nun bist du bei ihm angekommen und gibst es. Stell dir vor, wie er darauf reagiert."

Variation des Endes: „Stell dir vor, wie er lächelt." Diese Variation immer verwenden, wenn anschließend nicht mehr über die Reaktion des anderen gesprochen wird, wenn also eventuelle ungünstige Reaktionen während der offeneren Fassung von der Erzieherin nicht mehr angemessen aufgefangen werden können.

Kerze

Die Kinder liegen auf dem Boden oder sitzen im Stuhlkreis. Die Augen sind geschlossen. Anleitung etwa: „Stell dir vor, daß vor dir eine Kerze steht. Vielleicht ist sie rot, vielleicht ist sie weiß oder von einer anderen Farbe. Sie brennt nicht. Es ist eine Zauberkerze. Wenn du möchtest, kannst du sie mit deinen Gedanken entzünden. Dazu zählst du langsam, ganz langsam in deinen Gedanken mit mir von zehn abwärts, und bei eins wird sich die Kerze entzünden und brennt in ihrem sanften Licht. Behalte die Kerze immer im Auge, während wir zählen. Nun fängt es an: zehn – neun – acht – sieben – sechs – fünf – vier – drei – zwei – *eins*. Siehst du nun die leuchtende Kerze?"

Drachen

Die Kinder liegen auf dem Boden oder sitzen im Stuhlkreis. Die Augen sind geschlossen. Anleitung etwa: „Stell dir vor, du bist ein Drachen, ein Drachen aus Papier und mit einem langen Papierschweif. Jemand läßt dich in die Lüfte steigen und hält dich dabei an einer langen, sicheren Leine. Langsam tanzt du hin und her im fröhlichen Wind. Du steigst höher und höher. Nun bist du den Wolken ganz nahe – und auch der Sonne. Du fühlst sie warm auf deinem Drachenleib. Leicht fühlst du dich, ganz leicht. Über das weite Land siehst du von hier oben herab. Alles ist klein, ganz klein, hoch darüber fliegst du im Wind. Dann schaust du an der Drachenleine hinunter, die ganze lange Leine hinunter schaust du, bis sie zu Ende ist. Jemand steht da und hält sie und achtet darauf, daß es dir gut geht, da oben, im freien Himmel, im Wind. Du schaust noch genauer hin – und dann erkennst du auch das Gesicht. Es lächelt."

Variation des Endes: „Du schaust genauer hin – und erkennst, daß du es selber bist. Du lächelst."

Chamäleon

Die Kinder liegen auf dem Boden oder sitzen im Stuhlkreis. Vorrede etwa: „Im Spiel geht es um ein Chamäleon. Wißt ihr, was das ist? Ein Chamäleon ist ein kleines Tier, wie eine Eidechse, nur größer. Auch lebt es nicht auf dem Boden, sondern in Bäumen. Bei uns allerdings nicht, nur in südlichen Ländern. Es kann die Farbe seiner Haut verändern, fast wie es möchte. Wenn es in einer gelben Umgebung ist, dann wird es gelb, in einer mehr roten Umgebung rot, in einer grünen Umgebung dann grün. So ist es nur schwer zu entdecken. Es hat eine lange, sehr lange Zunge, mit der fängt es zum Beispiel Insekten und frißt sie."

Dann werden die Augen geschlossen. Anleitung etwa: „Stell dir vor, daß du ein Chamäleon bist. Du sitzt im Wipfel eines Baumes und schmiegst dich an seine Rinde. Ein leichter Wind geht durch die Blätter, die Sonne wechselt sehr rasch: Mal ist sie hinter Wolken versteckt, mal scheint sie wieder sehr hell. So ist es mal hell und mal dunkel. Verändere nun deine Farbe, Chamäleon, so wie sich das Licht verändert, mal hell, mal dunkel. *[Pause]* Und dann stell dir die Insekten vor, die überall schwirren. Die meisten sind zu weit weg, aber ab und zu summt eines nahe heran, dann kannst du danach schnappen, mit deiner langen Zunge. Hör auf mein Summen, das sagt dir, wann ein Insekt näher heranfliegt. Wenn es ganz nahe ist, dann schnappe danach.“

Nach einigen Sekunden Summen, erst weit weg, dann plötzlich stark, dann abbrechen. Nach einer Pause von neuem, so mehrmals hintereinander.

Türe

Die Kinder liegen auf dem Boden oder sitzen im Stuhlkreis. Die Augen sind geschlossen. Anleitung etwa: „Stell dir eine Tür vor, die genau vor dir steht, im freien Raum. Wände sind keine zu sehen, nur diese Tür. Es ist eine Zaubertür, nicht alle Menschen können sie öffnen, sondern nur manche. Auf der anderen Seite der Türe tauchen Menschen auf. Stell dir vor, wie langsam, einer nach dem anderen, die Menschen, die du kennst, die Klinke niederdrücken, um durch die Türe zu dir zu kommen. Wenn es einem gelingt, dann kommt er herein und stellt sich hinter dich. Wenn es einem nicht gelingt, dann geht er zur Seite und wartet. Stell sie dir nun vor, einen nach dem anderen, die dir wichtigsten zuerst. *[Längere Pause]* Und dann sind es erstmal genug. Die anderen werden es später versuchen. Dreh dich nun um, und schau die Menschen an, die durch die Türe gekommen sind. Sie lächeln. Dreh dich nun wieder zur Tür, und schau daneben die Menschen, die nicht hindurchkommen konnten. Aber vielleicht dürfen sie es später nochmal versuchen.“

Der Tag einer Seerose

Die Kinder liegen auf dem Boden oder sitzen im Stuhlkreis. Die Augen sind geschlossen. Anleitung etwa: „Stell dir einen kleinen Teich vor. An seinen Ufern wächst Schilf und langes Gras. Enten schwimmen auf der freien Wasserfläche. Ein Frosch quakt. Ein leichter Wind geht über das Wasser und treibt kleine Wellen vor sich her. Libellen flirren durch die Luft. In der Mitte des Teichs liegen große grüne Seerosenblätter auf dem Wasser. Und eine Seerosenblüte ist zu sehen. *[Pause]*

Stell dir nun vor, daß es Morgen ist. Es dämmert noch. Ein Vogel ruft aus dem Schilf, einmal, noch einmal. Die Seerosenblüte ist noch geschlossen. Stell dir nun vor, wie die Zeit ganz schnell dahinfließt, eine Stunde in ein paar Sekunden. Die Seerosenblüte öffnet sich, sie richtet sich zur Sonne hin aus. Die Sonne läuft über den Himmel. Einen weiten Bogen zieht sie, und unten auf der Erde wandern die Schatten, genau in die andere Richtung. Die Seerosenblüte neigt sich immer ein klein wenig mehr, dem Laufe der Sonne nach, ganz wenig, fast unmerklich. Fliegen umschwirren sie, allerlei kleine fliegende Käfer, bunte Libellen, ein Frosch springt auf das Seerosenblatt in der Nähe und quakt einigemal recht laut, Schwalben sausen über die Wasseroberfläche auf ihrer Jagd nach Insekten. Und da versinkt die Sonne auch schon. Die Abenddämmerung setzt ein. Die Blütenblätter der Seerose schließen sich langsam, je näher die Nacht kommt. Endlich sind sie ganz zu: Die Seerose schläft nun und träumt."

Strömendes Wasser

Die Kinder liegen auf dem Boden oder sitzen im Stuhlkreis. Die Augen sind geschlossen. Anleitung etwa: „Stell dir vor, daß du ein Wasser hinunterfährst, vielleicht als Papierschiffchen, als kleines Floß, als Ball oder auch einfach als ein Blatt. Weit oben am Berg ist die Quelle, das Wasser quillt aus einem Felsspalt heraus, dort beginnt deine Reise. Zunächst ist das Wasser sehr eilig und unruhig, schnell schießt es die Felsen hinunter …

Dann kommen die Wiesen einer Gebirgsalm. Kühe weiden dort, du kannst ihre Glocken klingen hören, da fließt es schon langsamer ... Dann kommt der steile Bergwald, und schneller fließt dein Bächlein dahin ... Bald schon wird das Gefälle flacher und flacher, immer ruhiger wird nun dein Wasser, immer ruhiger treibst du dahin ... Nun seid ihr im Hügelland angekommen, der Berg liegt schon hinter dir, breiter wird nun der Bach. Weiden stehen an seinem Ufer. Hier und da überspannt ihn ein Holzbrücklein ... Nochmal langsamer und breiter wird nun das Wasser, der Bach wird zum Fluß. Träge treibt er dahin, Wiesen links und rechts an seinen Ufern, blaue Blumen und Königskerzen. Immer weiter treibst du und treibst du, und irgendwo vor dir weißt du das Meer."

Ball auf dem Wasser

Die Kinder liegen auf dem Boden oder sitzen im Stuhlkreis. Die Augen sind geschlossen. Anleitung etwa: „Stell dir vor, du bist ein Ball auf dem Wasser. Die Wellen kommen und gehen, jede hebt dich ein wenig hoch und läßt dich dann wieder herunter, wenn sie davonrollt. Auf und ab geht es, auf und ab, du bist ein Ball auf den Wellen."

Dunkle Wolke

Die Kinder liegen auf dem Boden oder sitzen im Stuhlkreis. Die Augen sind geschlossen. Anleitung etwa: „Stell dir vor, du bist eine Wolke, eine dunkle Regenwolke, schwer und tief schwebst du über dem Land. Unter dir siehst du deinen Schatten, wie er über die Felder streicht, über Wiesen und Dörfer, über die Hügel. In dir drängt sich das Nasse, in deiner Dunkelheit, langsam wird es von Nebel zu Wasser, langsam ballt es sich weiter zusammen. Es ist wie ein Raunen, das durch dich geht, ein Raunen durch deine dunkle Wolke ... Und dann plötzlich beginnt es: Die ersten Tropfen fallen zur Erde, immer mehr und mehr folgen, schließlich regnet es in Strömen über das Land. Du spürst, wie du langsam leichter wirst, leichter und heller. Der Regen prasselt auf Wiesen und Dörfer, auf Straßen und Wälder ... Langsam steigst du nun höher, nach all dem Regen ganz leicht geworden. Und immer heller wirst du und heller, und schließlich bist du ganz weiß.«

Brieftaube

Die Kinder liegen auf dem Boden oder sitzen im Stuhlkreis. Die Augen sind geschlossen. Anleitung etwa: „Stell dir vor, du bist eine Brieftaube. Du faßt den Brief, den du gerade geschrieben oder das Bild, das du gerade gemalt hast, und fliegst aus dem Fenster hinaus in die Welt. Mit langsamen weichen Flügelschlägen fliegst du durch den Himmel, höher und höher ... Jetzt ist es ganz ruhig, so weit bist du über der Erde. Du überlegst noch einmal, was du im Brief geschrieben hast oder was auf dem Bild ist ... Du kreist ein wenig über dem Land, dann geht es wieder hinunter. Du möchtest deinen Brief abgeben und suchst dafür das richtige Haus. Hinunter geht es, da siehst du die Häuser. Und hier bist du richtig. Ein Fenster ist offen, du fliegst hinein und legst deinen Brief auf den Tisch.«

Zauberspiegel

Die Kinder liegen auf dem Boden oder sitzen im Stuhlkreis. Die Augen sind geschlossen. Anleitung etwa: „Stell dir vor, du stehst vor einem großen Spiegel. Vom Boden reicht er bis an die Decke. Es ist ein Zauberspiegel. In ihm siehst du dich so, wie du dich gar nicht leiden kannst. Stell dir vor, was du siehst. *[Pause]*. Und dann dreh dich um. Da ist ein anderer Zauberspiegel, er sieht genauso aus wie der erste. Aber in ihm siehst du dich so, wie du dich magst. Alles was gut an dir ist, das findest du da. Und das ist eine ganze Menge. Stell dir vor, was alles du findest.«

8   Bewegung und Ruhe

In den folgenden Übungen sind Bewegung und Ruhe miteinander verbunden. Meist steht zuerst ein Bewegungsteil, der dann in einen Ruheteil organisch übergeht. So wird zum einen der Unterschied zwischen Aktivität und Entspannung, zum anderen die enge Beziehung zwischen beidem demonstriert. Denn es geht eben nicht darum, mit Kindern einfach nur Ruhe oder Stille einzuüben, es geht um die volle Breite des Spektrums von Ruhe und Aktivität und um Selbstkontrolle für die Kinder dafür, was gerade angebracht ist. Dazu gilt es, dieses Spektrum voll auszuschöpfen.

Eine Reihe von Übungen (beginnend mit „Kleine Bären") gestaltet dies einfach so, daß sich die Kinder zu einer kleinen Geschichte der Erzieherin (hier: Die kleinen Bären sind unterwegs im Wald) im Kreis bewegen, mal langsam, mal schneller oder auch: mal auf, mal ab. Und am Schluß sind sie müde geworden. Sie legen sich hin und träumen. Von was träumen die kleinen Bären oder anderen Tiere? Die Erzieherin läßt den Kindern einige Zeit in der Ruhe, dann wird die Übung beendet und über die Träume geredet (oder sie werden gemalt). Nach diesem Muster lassen sich noch viele andere Übungen erfinden. Natürlich können die unten aufgeführten Übungen auch beliebig abgewandelt werden, wenn dieses Grundmuster erhalten bleibt.

Eine andere Reihe dieser Übungen stellt einen Zeitverlauf dar, beispielsweise „Sonne und Schatten". Hier geht es um Entwicklungen, manchmal auch um gegensätzliche Entwicklungen, wie gerade beim genannten Stück: Ein Kind in der Kreismitte spielt die auf- und untergehende Sonne, die anderen Kinder spielen die sich entsprechend verlängernden oder verkürzenden Schatten. Bei dieser Art von Übungen kommt dem Kind in der

Kreismitte eine besondere Bedeutung zu. Es gibt die Bewegung der Übung vor, die anderen müssen sich nach ihm richten. In einer gegenläufigen Übung wie „Sonne und Schatten" ist es überdies so, daß das Kind in der Mitte sich langsam entfalten kann, bis es strahlend mit ausgebreiteten Armen „über" den anderen Kindern steht. Gerade für schüchterne Kinder oder Kinder, die besondere Probleme haben, sich in der Gruppe zu behaupten, kann eine solche Erfahrung sehr wichtig sein. Vor allem solche Kinder sollten also für die Kreismitte ausgewählt werden.

Kleine Bären

Die Kinder stehen in einem weiten Kreis, im folgenden bewegen sie sich immer in der Runde. Die Richtung ist von der Erzieherin anzugeben. Anleitung für die Kinder etwa folgendermaßen:

„Die kleinen Bären sind unterwegs im Wald. Es ist Sommerzeit, und das ist für die kleinen Bären immer noch die beste Jahreszeit, da gibt es nämlich allerhand zu naschen. Erdbeeren gibt es und Himbeeren. Die kleinen Bären bücken sich erst ganz tief, um sich Erdbeeren zu pflücken *(Bewegung von der Erzieherin vorzumachen)*, und dann recken sie sich, so hoch sie nur können, um an die oberen Himbeerzweige zu kommen, wo die süßesten Beeren wachsen *(wieder vormachen)*. Einmal tief hinunter – dann wieder hinauf – wieder hinunter – und wieder hinauf, sie sammeln sich Beeren und Beeren und Beeren. *(So einige Zeit Beeren sammeln, dann:)*

Schließlich sind die kleinen Bären müde geworden vom vielen Bücken und Strecken, sie legen sich hin auf die grünen Moospolster im Wald *(hinlegen, vielleicht auf vorbereitete Matten.)*. Sie legen sich hin und ruhen sich aus, sie träumen ein wenig. Ruht auch ihr euch nun aus und versucht jeder für sich herauszufinden, von was die kleinen Bären denn träumen."

Anschließend Besprechung: Von was haben die kleinen Bären geträumt (das kann auch gemalt werden)? Und wie war das denn, sich nach all dem Bücken und Strecken hinzulegen?

Wolkenwandern

Die Kinder bilden einen weiten Kreis. Zunächst stehen sie, im folgenden bewegen sie sich im Kreis, so wie die Erzieherin im folgenden Beispieltext vorgibt:

„Wir spielen Wolkenwandern. Es ist ein schöner Tag. Schönwetterwolken wandern über den Himmel. Jeder von euch spielt jetzt so eine Schönwetterwolke, und wir wandern alle in die gleiche Richtung, so wie der Wind bläst. Zuerst bläst der Wind immer gleich, wir gehen deshalb immer gleich schnell ...

Aber dann ändert sich der Wind, ein Gewitter ist nämlich im Anzug. Der Wind wird böig. Jetzt geht er ganz schnell *(alle rennen ein kurzes Stück)* ... und dann ganz langsam *(alle gehen betont langsam)*. Jetzt wieder ganz schnell ... und wieder ganz langsam *(dies einigemal hin und her)*.

Und dann das Gewitter! Der Wind geht nicht mehr sehr schnell, aber dichter Regen fällt aus den Wolken, hinab auf die Erde. Das zeigen wir am besten, indem wir langsam auf und ab hüpfen, immer ein klein wenig weiter, aber nicht viel *(ein Weilchen hüpfen)* ...

Und dann ist das Gewitter zuende. Die Wolken sind müde geworden und legen sich auf den Gipfeln zur Ruh. Sie ruhen sich aus und träumen ein wenig. Legt euch jetzt auch alle hin und ruht euch aus und versucht herauszufinden, von was die Wolken denn träumen."

Anschließend Besprechung. Von was träumen die Wolken?

Kätzchen auf der Mäusejagd

Die Kinder stehen in einem weiten Kreis. Dann bewegen sie sich nach den Anleitungen im Kreis, etwa folgendermaßen:

„Wir spielen heute Kätzchen auf Mäusejagd. Stellt euch vor, ihr seid ein Kätzchen, das zum erstenmal in der weiten Welt unterwegs ist. Was ihm da alles begegnet! Langsam schleichen die Kätzchen vorwärts und achten genau auf ihre Umgebung *(Alle bewegen sich nun langsam vorwärts)*. Die Kätzchen schnuppern den Blumenduft, sie hören auf den Gesang der Vögel ...

Aber was ist das da vorne! Die Kätzchen bleiben stehen und ducken sich langsam: Ist das denn nicht ein unvorsichtiges Mäuschen? Langsam, ganz langsam schleichen die Kätzchen wieder vorwärts, sie machen keinen Laut. Aber dann hat das Mäuschen sie doch gesehen, es stürzt davon, zum nächsten Mäuseloch. So schnell sie können, springen die Kätzchen hinterher. *(Eine halbe Runde Springen, dann:)* Dann bleiben sie stehen. Das Mäuschen ist in seinem Mäuseloch verschwunden. Da stehen sie stille und warten. Aber das Mäuschen kommt nicht mehr, so schleichen sie weiter …

Bald raschelt wieder ein Mäuschen im Gras. Vorsichtig, ganz vorsichtig, schleichen die Kätzchen näher … und dann ganz schnell, denn das Mäuschen hat sie wieder gesehen … Und da stehen sie wieder still, vor einem Mäuseloch und verschnaufen und lauern." (So einige Durchgänge, immer im Wechsel von langsam – schnell – stillestehen.)

„Dann legen sich die Kätzchen hin. Sie sind müde. Sie träumen ein wenig und ruhen sich aus. Sie sind ganz still, damit sie genau hören können, was um sie herum vorgeht."

Nach einiger Zeit beenden. Die Kätzchenträume können dann noch gemalt werden.

Bärenspaziergang

Die Kinder stehen in einem lockeren Kreis und bewegen sich etwa nach den folgenden Anleitungen:

„Die kleinen Bären sind unterwegs. Sie machen einen Spaziergang im Wald. Sie bewegen sich nicht zu schnell und nicht zu langsam. Ganz genau lauschen sie, was es Interessantes zu entdecken gibt. Hört auch ihr nun ganz genau, was die kleinen Bären entdecken. Das kann ein Vogel sein, ein Flugzeug, Autos von einer Straße oder sonst irgend etwas. Dazu müßt ihr aber ganz leise sein und vorsichtig laufen, auf euren Bärentatzen, damit ihr es auch hören könnt. *(Einige Zeit Stille. Dann:)*

Dann recken und strecken sich die kleinen Bären. Sie machen sich so groß, wie sie einmal wachsen wollen, so groß wie Mama Bär oder Papa Bär *(Kinder eventuell ermuntern, das jetzt auch zu tun).* Und dann machen sich die Bären ganz klein, so klein, wie sie einmal waren, ganz früher. Sie freuen sich daran und tapsen so durch den Wald … Dann machen sie sich wieder groß, ganz groß … *(So einige Durchgänge. Dann:)*

Und dann sind die kleinen Bären müde geworden, sie legen sich hin. Sie legen sich hin auf das weiche Moos des Waldbodens. Sie sind ganz still, damit sie alles um sich herum genau mitbekommen. Seid auch ihr nun ganz still und hört, was alles um die kleinen Bären herum geschieht."

Nach einiger Zeit Ende. Dann darüber sprechen, was die Kinder alles gehört haben.

Vormachen

Die Kinder stehen in einem lockeren Kreis und bewegen sich nach den folgenden Anleitungen:

„Die kleinen Kätzchen spielen heute ein ganz besonderes Spiel. Es heißt „Vormachen" oder auch „Nachmachen", ganz wie man es nimmt. Sie laufen langsam im Kreis. Und dann macht eines der kleinen Kätzchen etwas vor, und alle anderen machen es nach – aber schön der Reihe nach: Erst macht es das Kätzchen hinter dem Vormacher nach, dann das nächste, dann wieder das nächste, bis alle Kätzchen dasselbe machen wie das erste. Und das kann nun sich Recken sein oder auf einem Bein hüpfen oder ganz langsam schleichen oder springen, als sei ein Bär hinter ihm her. Max *(Name eines Kindes einsetzen)* beginnt." Eventuell nochmal ermutigen. Die Wechsel für das jeweils nächste vormachende Kind ansagen. Wenn alle durch sind:

„Und dann sind die Kätzchen müde geworden. Sie legen sich hin auf den Boden und träumen ein Weilchen. Sie sind ganz still, damit sie genau mitbekommen, was alles um sie herum vorgeht."

Regentakt

Anleitung etwa: „Stellt euch vor, ihr seid Katzenkinder und liegt auf dem Heuboden eurer Scheune, denn heute ist ein Regentag." Alle legen sich hin auf den Bauch. „Ihr schaut hinaus in den Regen. In großen, schweren Tropfen fällt er vom Himmel. Wir machen alle den Regen nach. Schlagt mit den flachen Händen auf den Boden, schön kräftig, alle im Takt." Die Erzieherin gibt mit einem Tamburin oder ähnlichem die Vorgabe. Die Kinder werden nochmal aufgefordert, immer im Takt mit der Erzieherin zu schlagen. „Erst geht der Regen langsam und schwer – aber dann wird er stärker. *(Schneller schlagen).* Immer stärker wird der Regen, es ist jetzt ein richtiger Wolkenbruch … Und dann wird er wieder schwächer. Immer schwächer wird der Regen, bald fallen nur noch vereinzelte Tropfen … Aber dann zieht eine neue Regenfront heran, der Regen beginnt wieder stärker zu werden …" So einigemal wechseln, bis sich die Kinder motorisch abreagiert haben. Die Übung endet mit einem Ruheteil:

„Und dann sind alle Wolken vorübergezogen, die Sonne lacht wieder vom Himmel. Die Kätzchen aber sind müde geworden, sie recken und strecken sich wohlig und drehen sich auf den Rücken. Sie schließen die Augen. Sie träumen etwas. Sie träumen von den Wolken, die über die weite Erde wandern. Oder vom vielen Wasser, das über die Erde geregnet ist und sich nun seinen Weg zu den Bächen und Flüssen sucht. Träumt auch ihr nun ein wenig mit den Kätzchen und achtet genau darauf, worum es da geht."

Einige Zeit Ruhe, dann abbrechen. Anschließend noch über die Kätzchenträume sprechen.

Variation: Wenn die Übung bekannt ist (oder bei älteren Kindern sofort), kann außer der Schnelle des Taktes auch die Stärke variiert werden. Etwa: „Und dann wird der Regen plötzlich ganz fein. Er fällt genauso schnell wie zuvor, aber zu hören ist er nun kaum mehr … Und dann kommt wieder eine Wolke mit besonders dicken und fetten Regentropfen. Die schlagen besonders laut auf den Boden vor der Kätzchenscheuer."

Sonne und Schatten

Die Kinder stellen sich im lockeren Kreis auf, sie schauen nach innen. Dort steht ein dazu vorher bestimmtes Kind *(gerade für schüchterne Kinder ist das eine gute Position, aber vielleicht noch nicht beim erstenmal)*. Die Kinder im Kreis sind die Schatten, das Kind in der Mitte die Sonne. Anleitung etwa:

„Morgens steht die Sonne ganz tief. Anja *(Name des jeweiligen Kindes)* hockt sich deshalb auf den Boden, ganz zusammengekauert, das Gesicht ist verborgen. Die Schatten aber – was ist mit denen, wenn die Sonne ganz tief steht?" *Antworten der Kinder abwarten, die richtige aufgreifen:* „Richtig, die Schatten sind dann ganz lang. Ihr anderen im Kreis reckt und streckt euch deshalb jetzt ganz lang, die Hände hebt ihr so weit es geht über den Kopf ...

Und dann steigt die Sonne langsam höher. Anja zeigt jetzt ihr Gesicht, es strahlt wie die helle Sonne, und sie steht dann langsam, ganz langsam auf. Und die Schatten, die werden langsam, ganz langsam kleiner, gerade umgekehrt wie die Sonne steigt." So geht das ein Weilchen. „Und dann ist Mittag. Die Sonne steht nun am höchsten Punkt, Anja reckt und streckt sich, die Arme hebt sie weit in den Himmel hinein. Und die Schatten sind nun ganz klein, so klein, wie sie sich überhaupt machen können. Sie kauern am Boden, ihre Gesichter sind nun verdeckt ... Und dann wandert die Sonne langsam weiter, in den Nachmittag hinein, sie beginnt zu sinken. Anja läßt nun wieder die Arme sinken und geht langsam zu Boden. Die Schatten aber wachsen nun wieder – aber langsam, langsam, so langsam wie die Sonne sinkt ... Und dann ist es Abend, die Sonne steht niedrig am Horizont, Anja kauert jetzt wieder auf dem Boden, die Schatten aber sind ganz groß."

Mehrere Sonnendurchläufe durchmachen, immer ein anderes Kind in der Mitte.

Schneemänner

Eine Abwandlung von „Sonne und Schatten", für die Winter-
zeit. Die Kinder stellen sich in einen weiten, lockeren Kreis, ein
Kind kommt als Sonne in die Mitte. Anleitung etwa:
„Die Kinder haben gestern Schneemänner gebaut. Ihr spielt
nun diese Schneemänner, wie sie groß und breit in der Landschaft stehen. In der Mitte ist die Sonne. Am Morgen ist die
Sonne noch ganz klein. Ganz zusammengekauert hockt sie am
Horizont, ihr Gesicht ist noch gar nicht zu sehen.
Aber dann wird es Tag, die Sonne zeigt nun ihr Gesicht und
beginnt langsam zu steigen. Michael *(Name des Kindes in der
Mitte einsetzen)* zeigt nun auch sein Gesicht und erhebt sich
langsam, ganz langsam. Auch seine Arme gehen langsam nach
oben. Und die Schneemänner? Sie schmelzen langsam dahin, im
warmen Licht, so wie die Sonne höher steigt ... Nun ist es Mittag. Die Sonne steht an ihrem höchsten Punkt. Ihr Gesicht ist
leuchtend hell, die Arme von Michael sind hoch in den Himmel
gestreckt. Die Schneemänner aber sind nun schon sehr zusammengesunken. Sie sind nur noch Häufchen auf der Erde. Auch
die Gesichter sind kaum mehr zu sehen. Die Sonne sinkt nun
wieder langsam, es wird kühler. Vor allem aber kommen nun die
Kinder aus dem Kindergarten und der Schule und bauen die
Schneemänner wieder auf. Die Schneemänner wachsen wieder
und wachsen, die Sonne aber sinkt tiefer und tiefer ... Nun ist es
Abend, die Sonne steht wieder ganz unten am Horizont, die
Schneemänner aber sind wieder so groß wie am Morgen und
freuen sich auf eine kühle, klare Nacht."

Jahreslauf

Eine Abwandlung von „Sonne und Schatten". Die Kinder
hocken sich in einen weiten, lockeren Kreis, ein Kind kommt
als Sonne in die Mitte. Anleitung etwa:
„Wir spielen heute ein Jahr. In der Mitte ist die Sonne. Am
Anfang eines Jahres ist sie noch ganz schwach. Deshalb hockt
das Sonnenkind jetzt ganz zusammengekauert auf dem Boden.

Und auch die Pflanzen in der Natur sind schwach und fast ohne Grün. Deshalb hocken auch die anderen alle zusammengekauert im Boden. Die Kraft aber ist tief in der Sonne und tief in den Wurzeln der Pflanzen.

Dann wird die Sonne immer stärker und stärker. Das Sonnenkind erhebt sich langsam und strahlt immer mehr. Und auch die Pflanzen erheben sich und strahlen, die Blumen öffnen ihre Kelche ...

Dann ist Hochsommer. Die Sonne steht nun am höchsten, sie strahlt, ihre Strahlenarme sind weit offen. Und auch alle Pflanzen strahlen und stehen ganz aufrecht ...

Aber dann beginnt der Herbst. Die Sonne wird schwächer und schwächer, das Sonnenkind sinkt langsam wieder zusammen. Und auch die Pflanzen sinken wieder zusammen. Die Blumen schließen ihre Kelche und ziehen sich langsam wieder in die Wurzeln zurück. Blätter werden bunt, fallen ab, sinken zu Boden ...

Schließlich ist Winter. Die Sonne scheint nun ganz schwach, das Sonnenkind hockt zusammengekauert auf dem Boden. Und auch die Pflanzen sind schwach, sie hocken ganz zusammengekauert da. Ihre Stärke aber haben sie nicht verloren, die liegt nun tief in ihnen verborgen."

Vogeltag

Die Kinder sitzen in einem weiten, lockeren Kreis (kann auch im Stuhlkreis gespielt werden). Ein Kind hockt in der Mitte auf dem Boden, es spielt die Sonne. Der Tagesdurchlauf sollte bei dieser Übung schneller sein als bei den letzten Übungen. Vorher vielleicht einen Sachbeitrag über Vögel und Vogelstimmen ausprobieren. Anleitung dann etwa folgendermaßen:

„Jetzt spielen wir einmal einen Vogeltag und zwar von ganz früh morgens, zum Mittag, zum Abend, die Nacht hindurch und wieder den frühen Morgen des nächsten Tages. Die Kinder im Kreis sind die Vögel, Laura *(Name des Kindes einsetzen)* in der Mitte ist die Sonne. Sie zeigt den Vögeln, welche Tageszeit ist. Es geht los:

Früh am Morgen ist die Sonne noch ganz zusammengesunken, ihr Gesicht ist noch nicht zu sehen. Die Vögel träumen noch in ihren Nestern. Es ist ganz still …

Dann zeigt sich die Sonne am Horizont, ihr Gesicht erscheint, sie lächelt. Die ersten Vögel erwachen und zwitschern – aber ganz leise erst, um die anderen nicht aufzuwecken …

Die Sonne steigt höher, und auch die anderen Vögel erwachen. Nun zwitschern sie alle …

Dann ist es Mittag. Die Vögel zwitschern nun alle laut und vernehmlich, die Sonne steht an ihrem höchsten Punkt …

Und dann beginnt die Sonne wieder zu sinken. Die Vögel ruhen sich jetzt aus – aber nicht alle zusammen, sondern mal schweigt der eine, mal schweigt der andere ein Weilchen und träumt oder hört den anderen zu. Bis zum Abend hat aber jeder sein Nachmittagsträumchen gehalten …

Und dann ist es Abend, die Sonne steht nun tief am Horizont und verdeckt langsam ihr Gesicht. Die Nacht kommt. Einer nach dem anderen verstummen die Vögel …

Jetzt sind alle Vögel verstummt, sie liegen in ihren Nestern und träumen. Stellt euch die Vögel in ihren Nestern vor und versucht herauszufinden, von was sie denn träumen. Nachher reden wir dann darüber …" Zeit verstreichen lassen. Wenn die Kinder unruhig werden sollten, vielleicht zur Orientierung noch einfügen:

„Nun ist es Mitte der Nacht. Die Vögel liegen immer noch in ihren Nestern und träumen."

Nach einiger Zeit dann: „Und dann beginnt es zu dämmern. Der Morgen erwacht. Langsam zeigt die Sonne wieder ihr Gesicht. Und die ersten Vögel sind auch schon zu hören …"

Bald abbrechen und über die Vogelträume reden.

Variationen: Das Spiel kann mit anderen Tieren und ihren Stimmen abgewandelt werden. Wichtig ist dabei, daß ein Verlauf der Stimmlautstärke vorgegeben wird, daß es einen Stilleteil (die Nacht) gibt und daß auch am Tage ein individueller Stilleteil (Nachmittagsträumchen) vorgesehen wird.

Blumen

Die Kinder bilden einen weiten Kreis, sie hocken zunächst auf dem Boden, die Arme dicht am Körper, um den Körper geschlungen, den Kopf gesenkt, die Augen geschlossen. Sie stellen Blumen dar, in der Nacht. In der Mitte des Kreises ist die Erzieherin (sie kann später, wenn die Übung bekannt ist, durch ein Kind ersetzt werden). Auch sie hockt zunächst entsprechend auf dem Boden, erhebt sich dann aber langsam. Sie stellt die aufgehende Sonne dar. Anleitung für die Kinder etwa folgendermaßen:

„Die Nacht ist zu Ende. Langsam steigt die Sonne auf, alle Blumen heben die Köpfe und öffnen ihre Augen. Die Arme strecken sich langsam hinauf, und die Blumen erheben sich, so wie die Sonne emporsteigt ...

Dann ist es Mittag. Die Sonne steht am höchsten Punkt des Himmels *(Erzieherin ganz aufgestanden, die Arme erhoben)*, die Blumen recken sich, so sehr sie nur können. Sie strahlen ...

Und dann beginnt die Sonne wieder zu sinken. Die Blumen sinken langsam zusammen und legen die Arme an ihren Körper ...

Dann ist die Nacht da, die Blumen hocken wieder am Boden, den Kopf gesenkt, die Augen geschlossen."

Je nach Kindergruppe können so mehrere Tag-Nacht-Durchgänge gespielt werden.

Sonnenblumentag

Ähnlich der vorherigen Übung („Blumen"). Allerdings stehen hier die Kinder nicht im Kreis, sondern sie bilden ein „Feld", ein Sonnenblumenfeld. Dabei sollte darauf geachtet werden, daß jedes Kind etwas Platz um sich hat.

Ein Kind spielt die Sonne. Es hockt sich zunächst mit bedecktem Gesicht in eine Ecke des Raumes, erhebt sich dann langsam (Sonnenaufgang) und wandert (nicht zu langsam) zur gegenüberliegenden Ecke. Dort hockt es sich langsam nieder und bedeckt schließlich sein Gesicht (Sonnenuntergang).

Die anderen Kinder stehen alle, zunächst mit gesenktem Gesicht, Richtung der Ecke, wo die Sonne aufgehen wird. Wenn die Sonne aufgeht, heben sie langsam ihre Köpfe. Wenn die Sonne wandert, beginnen sie zu strahlen. Sie folgen dem Sonnenkind mit ihrer Ausrichtung, drehen sich also leicht. Langsam und breit erheben sie ihre Arme. Wenn die Sonne in der Mitte ihrer Bahn angekommen ist, am Mittag, sind die Arme erhoben, alle Kinder strahlen. Dann sinken die Arme langsam wieder, auch das Strahlen nimmt ab. Wenn die Sonne untergeht, senken auch die Sonnenblumenkinder ihre Köpfe.

Variation: Es kann auch noch ein Sonnenblumengesang eingeführt werden. Die Übung sollte dann aber bereits bekannt sein. Zum Beispiel wird allen Kindern ein „Aaaaa" gegeben (oder einzelnen Kindern verschiedene Vokale). Zunächst ist Stille. Wenn das Sonnenkind sein Gesicht erhebt, beginnt der Gesang, nur der eine Vokal, zunächst ganz, ganz leise, dann immer lauter. Der Höhepunkt soll auf der Hälfte der Strecke des Sonnenkindes, zu Mittag, erreicht sein. Dann wird der Gesang leiser, immer leiser. Wenn das Sonnenkind sein Gesicht senkt, verklingt er ganz. Die Kinder stehen noch einige Augenblicke mit gesenktem Gesicht in der Stille.

Die Erzieherin kann hier noch etwas einfügen: „Und dann stehen die Sonnenblumen in der Nacht und der Stille und schöpfen sich neue Kraft. Die neue Kraft kommt von tief innen; langsam wächst sie und wächst sie. Da stehen die Sonnenblumen, sie schöpfen sich Kraft aus der Stille und warten auf den neuen Morgen."

Eidechsen

Eidechsen sind Kaltblüter, ihr Leben geht mit der Sonne. Wenn es warm ist, bewegen sie sich gerne und schnell, wenn es kalt ist, können sie sich kaum regen, oder nur ganz langsam.

Ein Eidechsentag wird durchgespielt. Ein Kind spielt die Sonne (wie in den bisherigen Sonnengeschichten), die anderen spielen Eidechsen. Es beginnt mit dem Sonnenaufgang. Die Eidechsen sind ganz starr von der Nacht. Sie liegen am Boden. Dann beginnen sie sich ganz träge zu bewegen, erheben sich. Die Sonne steigt, und die Eidechsen bewegen sich immer stärker und schneller. Das kann – in einem weiten Kreis um die Sonne – auch durcheinander gehen. Dann sinkt die Sonne wieder und die Eidechsen werden ruhiger und ruhiger. Die Kraft der Sonne weicht aus ihren Gliedern. Schließlich ist die Sonne versunken. Alle legen sich hin und träumen ein Weilchen.

Wachsender Baum

Die Kinder verteilen sich im Raum. Jedes Kind sollte genug Platz um sich haben. Wir spielen wachsende Bäume. Anleitung etwa:

„Wenn die Bäume jung sind, dann sind sie ganz klein. Hockt euch deshalb auf den Boden, das Gesicht ist zwischen den Armen verborgen ...

Aber dann beginnen die Bäume zu wachsen, ein Trieb kommt aus der Erde hervor. Zeigt nun euer Gesicht ...

Und dann wachsen sie höher und höher. Steht langsam auf, erhebt euch ganz langsam vom Boden ...

Und Zweige sprießen aus den Stämmchen hervor. Breitet langsam eure Arme aus ...

Und nun steht ihr fest auf der Erde. Die Beine sind ein wenig auseinander, denn die Bäume haben einen mächtigen Stamm und sicheren Halt ...

Spürt die Kraft, die aus der Erde in euch strömt ...

Vielleicht geht ein kleiner Wind, dann bewegen sich die Stämme und Äste ein wenig ...“

Pilze wachsen

Die Kinder verteilen sich locker im Raum, so daß jedes Platz genug um sich hat. Zunächst hocken sie zusammengesunken auf dem Boden, das Gesicht nach unten gerichtet. Sie spielen Sporen von Pilzen im Waldboden.

Die Erzieherin hat eine Trommel oder ein Tamburin. Sie schlägt darauf: Das ist ein Regenguß, der vom Himmel fällt und die Pilzsporen zum Aufgehen bringt. Während des Regens bewegen sich die Kinder leicht und ruckweise hin und her.

Dann wird der Regen (die Trommelschläge) langsam schwächer (langsamer). Das Zucken der Kinder aber nimmt immer mehr zu. Und dann geschieht es: Wenn sie soweit zu sein glauben, wenden die Kinder eines nach dem anderen das Gesicht in die Höhe und beginnen zu wachsen. Sie erheben sich dabei langsam. Die Arme liegen zunächst am Körper an. Wenn sie sich ganz aufgerichtet haben, strecken sie auch die Hände aus (oder die Ellenbogen, die Hände liegen dann an der Taille). Das ist dann die Pilzkappe.

Erweiterung: Wenn die Übung schon bekannt ist, kann noch ein zusätzliches Element eingefügt werden: Der Pilz, der am spätesten aufgehört hat zu wachsen (zuletzt die Arme ausgebreitet oder die Ellbogen ausgestellt hat), ist der größte. Die Kinder sollen selbst überlegen, ob sie zu einem kleinen, mittleren oder großen Pilz aufschießen wollen. Anschließend kann auch darüber geredet werden, ob sie schon bestimmte Pilzarten kennen und wer einen bestimmten Pilz darstellen wollte.

Geburt des Wundervogels

Die Kinder bewegen sich im Kreis um ein Kind in der Mitte. Dieses Kind spielt den noch ungeborenen Wundervogel im Ei. Anfangs liegt es zusammengekrümmt auf dem Boden. Ein Luftballon oder ein großer Ball, der das Ei symbolisiert, kann ihm in die Arme gegeben werden. Die anderen Kinder bewegen sich erst wild im Kreis, das Kind in der Mitte liegt ganz still. Dann beginnt sich der Wundervogel in unregelmäßigen Abständen vernehmlich zu rühren und Laute von sich zu geben. Dazwischen ist er wieder still. Immer wenn sich der Wundervogel äußert, werden die Kinder im Kreis etwas langsamer und ruhiger. Schließlich, wenn sie ganz still sind, wird der Wundervogel geboren: Das Kind erhebt sich langsam, richtet sich groß auf, breitet die Arme aus, dreht sich langsam im Kreis und gibt einen langgezogenen Ton von sich, beispielsweise „Aaaah". Die anderen Kinder wenden sich ihm alle zu und stehen ganz still. Dann breiten auch sie langsam die Arme aus, richten sich groß auf und fallen erst leise, dann lauter und lauter in diesen Ton ein. Der Wundervogel ist geboren.

Der Fluß

Die Kinder bewegen sich in einem lockeren Kreis. Ein Kind ist in der Mitte, das zeigt die Stärke des Wassers an. Zuerst kniet es auf dem Boden, Gesicht und Hände nach unten. Im Laufe der Übung richtet es sich immer weiter auf, erhebt sich langsam, hebt die Arme, bis es zuletzt breitbeinig, mit hoch ausgestreckten Armen dasteht.

Die anderen Kinder im Kreis zeigen die Geschwindigkeit an, mit der sich das Wasser bewegt. Zuerst rauscht es schnell und lustig zwischen Felsen den Berg hinunter: ein Gebirgsbach ... Allmählich wird das Wasser (werden die Kinder im Kreis) langsamer, der Berg liegt hinter ihm, es strömt durch Wiesen, Weidenbüsche wachsen am Ufer, bunte Schmetterlinge flattern über es hinweg oder lassen sich auch einmal auf Blumen nieder, die dort am Ufer stehen. Vögel zwitschern in den Weidenzweigen ... Das Bächlein ist weiter gewachsen, zu einem kleinen Fluß, der strömt, nun schon deutlich langsamer geworden, durch die Stadt. Brücken schwingen sich über ihn weg ...

Die Wasser (und das Kind in der Mitte) wachsen weiter und weiter, dabei werden sie immer größer und stärker und langsamer (die Kinder im Kreis). Nun ist da ein gewaltiger Strom. Träge fließt sein Wasser dahin in der Ebene. Schiffe fahren auf ihm ... Der Strom mündet ins Meer. Da liegt es, ganz still ...

Löwenbrüllen

Das Erwachen und wieder Einschlafen von Löwenkindern wird gespielt. Vorher muß vereinbart werden, wer das Löwenkind

darstellt, das zuerst erwacht (in unserem Fall Tanja). Anleitung
etwa:

„Die Löwenkinder liegen auf dem Boden. Sie träumen. Sie
sind ganz still ... Aber plötzlich macht eines die Augen auf. Es
blinzelt ins Licht, es reckt und streckt sich, es richtet sich langsam auf. Und dann läßt es seine Löwenstimme vernehmen. Tanja, versuch einmal von ganz tief unten, ganz aus dem Bauch heraus, wie ein Löwe zu brüllen – aber ganz leise erst, sanft, noch
nicht laut, das kommt später ... Versuch es immer wieder und
wieder. Die anderen hören nur zu. Und langsam wirst du dabei
lauter ...

Nun erwachen eines nach dem anderen auch die übrigen
Löwenkinder. Sie blinzeln, sie recken sich, strecken sich, richten
sich langsam auf ... Und dann lassen auch sie ihr Löwenbrüllen
hören, auch erst ganz leise, von tief unten, aus ihrem Bauch heraus. Versucht einmal, wie ein Löwe zu brüllen – *ohne daß man
es hört*, von tief unten, aus dem Bauch heraus ...

Und dann werden die Löwenkinder langsam lauter – aber
langsam, immer nur ein wenig mehr ... Schließlich brüllen sie
laut, tief aus dem Bauch heraus ... Aber gar nichts sonst tut sich,
Mama und Papa Löwe sind auf der Jagd, nur ein paar Geier fliegen am Himmel, nur der Wind ist da, der das lange Gras sanft
niederdrückt ...

Die Löwenkinder brüllen nun langsam wieder leiser, immer
noch ganz aus dem Bauch heraus ... leiser werden sie und leiser ...

Und dann legen sie sich wieder hin, sie suchen sich den besten Liegeplatz, sie machen es sich noch ein bißchen zurecht ...

Und dann liegen sie wieder still, ganz still. Sie schließen die
Augen. Nichts rührt sich. Nur der Wind, der über die Gräser
streicht. Nur die wenigen Wolken, die über die Steppe ziehen.
Nur die Geier hoch oben am Himmel. Die Löwenkinder aber
träumen. Versucht nun herauszufinden, von was sie denn träumen könnten."

Nach einiger Zeit abbrechen und über die Träume der
Löwenkinder reden.

Löwenschreiten

Die Löwenkinder werden durch einen Elefanten geweckt. Sie schreiten würdevoll davon und legen sich wieder hin. Vorher vereinbaren, wer den Elefanten spielt (es sollte eher ein schwaches und schüchternes Kind sein). Anleitung etwa:

„Die Löwenkinder liegen auf dem Boden und schlafen. Sie sind ganz still. Sie träumen ... Plötzlich beginnt der Boden zu zittern. Was ist das? Ein mächtiger Elefant kommt daher. Die Erde bebt unter seinen Schritten. Er trompetet einmal laut. Und noch einmal!

Die Löwenkinder erwachen. Sie blinzeln ins Licht. Sie recken sich, strecken sich. Sie kommen schnell auf die Pfoten. Denn sie liegen genau im Weg des Elefanten. Der Elefant ist so riesig, er sieht sie kaum. Aber sollen sie ihn vielleicht ärgern? Warum denn! Sie sind schließlich Löwen! Sie sind viel zu stolz dafür. Würdevoll schreiten sie ein Stückchen davon. Schreitet auch ihr davon, so würdevoll wie Löwen! Und dann legen sich die Löwenkinder in den Schatten eines anderen Baumes. Der Elefant stampft langsam vorüber.

Die Löwenkinder machen es sich noch ein wenig zurecht ... und dann liegen sie wieder still. Sie schließen die Augen. Sie träumen. Von was träumen sie wohl? Versucht es herauszufinden. Versucht, genau wie ein Löwenkind zu denken und zu fühlen. Dann findet ihr vielleicht auch heraus, von was sie denn träumen. Nachher reden wir dann darüber."

Einige Zeit Stille, dann abbrechen und über die Löwenträume reden.

Elefantenschreiten

Die Kinder stehen im lockeren Kreis. Sie spielen Elefanten. Vorher wird vereinbart, daß nicht gesprochen werden darf (außer von der Erzieherin), da es gilt, ganz auf die Schritte zu achten, die Schritte zu hören. Anleitung etwa:

„Die Elefanten bewegen sich jetzt langsam vorwärts. Sie ziehen in einer weiten, trockenen Steppe. Achtet auf den Klang ih-

rer Schritte! Die Elefanten wandern ganz gemütlich. Hört, wie
das klingt! ...

Aber dann überkommt es die Elefanten, sie stürmen plötz-
lich los, sie rennen ein Stückchen. Hört ganz auf das schwere
Getrampel der Elefanten. Vergleicht es mit dem gemächlichen
Gehen von vorher ...

Und dann werden die Elefanten wieder langsam. Sie sind in
einer steinernen Schlucht angekommen. Die Beine stampfen besonders schwer auf dem harten Stein. Hört wieder, wie das
klingt! ...

Und jetzt beginnt der Urwald. Die Elefanten werden ganz
langsam, weil sie hier nicht so gut vorankommen. Ihre Schritte
werden noch schwerer ...

Und dann kommen die Elefanten zu einer kleinen Lichtung
im Urwald. Dort murmelt ein Bach, ein paar einzelne Bäume
stehen in der Mitte. Die Elefanten legen sich in den Schatten der
Bäume. Sie sind müde geworden vom vielen Marschieren. Sie
legen sich ganz bequem hin und schließen die Augen ... Sie
träumen. Wenn ihr es ganz versucht, dann bekommt ihr vielleicht auch ein wenig mit, vom Traum der Elefanten. Versucht
es ein Weilchen!"

Nach einiger Zeit Ende und Gespräch über Elefanten und
den Elefantentraum.

Kleine Bären am Bienenstock

Die Kinder stehen im lockeren Kreis. Anleitung etwa: „Bären
mögen Honig so gern. Aber die Bienen wollen ihn nicht herge-
ben, denn schließlich haben sie ihn mühevoll gesammelt. Wir
spielen nun kleine Bären auf Honigpirsch.

Zuerst schleichen sich die kleinen Bären an die Bienenkörbe
heran. Sie werden immer langsamer und langsamer, je näher sie
den Bienenkörben kommen. Werdet auch ihr immer langsamer
und langsamer. Und kein Geräusch, damit die Bienen nichts
merken ...

Dann sind sie da. Sie wollen in die Bienenkörbe greifen, aber
die Bienen haben sie schon entdeckt. Sie sausen in Massen aus

den Körben heraus, sie wehren sich und stechen. Da drehen sich die kleinen Bären um und laufen davon, so schnell sie nur können. Schnell, schnell, so schnell es geht!

Bald haben sie den Bienenschwarm abgeschüttelt und werden langsamer. Immer langsamer und langsamer werden sie.

Schließlich kommen sie an einen Bach. Sie tauchen ihre Glieder ins Wasser, um die Bienenstiche zu kühlen. Dann lassen sie sich brummend nieder und strecken alle Viere von sich. Sie schließen die Augen. Sie träumen. Sie träumen vom Leben im Bienenstock. Achtet auf ihre Träume. Träumt sie ein Weilchen mit. Nachher reden wir darüber."

Variation: Wenn den Kindern dieses Spiel schon gut bekannt ist, kann ein Teil der Gruppe die Rolle der Bienen übernehmen. Zunächst liegen sie still in der Mitte des Bärenkreises. Sie ruhen sich aus vom Honigsammeln. Die Bären laufen erst einige Runden um sie herum, wobei sie langsamer und langsamer werden. Dann gehen sie ganz langsam nach innen, auf die Bienen zu. Die richten sich schnell auf. Die Bären wenden sofort. Die Bienen summen hinter ihnen her. Vorher muß abgesprochen werden, daß sie nur summen dürfen, nicht berühren. Auf eine Aufforderung der Erzieherin (sie kann die Bienenkönigin spielen), kehren die Bienen dann um. Die Bären laufen noch etwas im Kreis, die Bienen schwirren in der Kreismitte durcheinander. Dann lassen sich beide nieder und ruhen.

Füchse und Bären

Eine Höhle wird abgesteckt, durch ein Seil auf dem Boden, durch Kleidungsstücke oder ähnliches. In dieser Höhle liegen zwei oder drei Bären. Sie schlafen. In einem Abstand um den Kreis stehen die anderen Kinder. Sie spielen Füchse.

Die Füchse wollen in den Höhlenkreis eindringen, um dort Futter zu stehlen. Sie müssen dabei aber ganz still sein, damit die Bären nicht aufwachen. Die Bären dürfen nur dann die Augen aufmachen und sich bewegen, wenn sie klar hören, daß ein Fuchs im Kreis ist. Wenn sie das hören, dürfen sie ihn fangen.

Erwischen die Bären einen Fuchs im Höhlenkreis, ist er ihr Gefangener, muß sich zwischen sie legen und darf sich nicht rühren. Wenn ein Bär aber die Augen aufmacht, ohne daß ein Fuchs im Kreis ist, dann muß er ausscheiden, wird selbst zum Fuchs (und ein Fuchs darf nun Bär spielen). Wenn die Bären zwar richtig gehört haben, daß Füchse im Kreis sind, sie aber keinen fangen konnten, muß ein früher gefangener Fuchs freigelassen werden.

Rehe im Wald

Die Kinder stehen in einem lockeren Kreis. Sie spielen Rehe im Wald. Wer möchte, kann auch ein Häschen spielen. Zwei oder drei Kinder in der Mitte des Kreises spielen Spaziergänger. Die Rehe (und Häschen) bewegen sich erst langsam und gemächlich in eine Richtung, die Spaziergänger in der Kreismitte in der Gegenrichtung. Dann zeigt einer der Spaziergänger plötzlich auf ein Reh (oder ein Häschen). Die Spaziergänger stehen jetzt still, die Rehe (und Häschen) fliehen, so schnell sie nur können. Nach einiger Zeit werden sie langsamer. Die Spaziergänger bewegen sich nun wieder, zeigen auf nichts mehr. Die Rehe (und Häschen) lassen sich nieder und ruhen aus, von der wilden Jagd. Sie träumen ein Weilchen.

Hasen über das Feld

Die Kinder bewegen sich in einem lockeren Kreis. Sie spielen Hasen unterwegs. Ein oder zwei Strecken des Kreises sind markiert (beispielsweise ist ein farbiges Band oder sind Wollknäuel daneben ausgelegt). Das sind die gefährlichen Strecken, nämlich offene Äcker und Felder, mit Hochsitzen in der Nähe. Dort bewegen sich die Hasen ganz leise und vorsichtig. Dazwischen kann sich jeder bewegen, wie er möchte: gehen oder rennen oder hoppeln. Aber jeder muß ruhig und langsam werden, wenn er an eine der gefährlichen Stellen kommt, ganz gleich, wie die anderen sich gerade verhalten.

Erweiterung: Wenn das Spiel schon bekannt ist, kann ein Kind in die Mitte des Kreises gestellt werden, das spielt den Jäger. Es achtet darauf, daß die anderen Kinder sich tatsächlich ganz vorsichtig bewegen. Sonst werden sie geschossen und müssen sich in die Kreismitte legen. Die Erzieherin paßt auf und macht den Schiedsrichter bei Streitfällen.

Spiegelkinder

Die Kinder stellen sich paarweise gegenüber. Je eines von zwei Kindern stellt eine Person dar, das andere ist ihr Spiegelbild. Die Person vor dem (imaginären) Spiegel macht nun langsame Bewegungen, das Spiegelkind macht sie nach. Gesprochen werden darf nicht, auch darf der Platz nicht verlassen werden. Die Kinder sollen auch Mimik versuchen.

Variation: Es können bestimmte Vorgaben gemacht werden. Beispielsweise kann gesagt werden, die Person soll traurig sein oder heiter oder wütend.

Schiff auf See

Die Kinder bilden einen weiten Kreis. Sie stehen. Ein Kind geht in die Mitte des Kreises und bekommt die Augen verbunden. Das Kind bewegt sich nun langsam umher, wie ein Schiff auf See. Wenn es einigen Kindern im Kreis zu nahe kommt, summen diese vernehmlich. Das Schifferkind weiß so, daß sich ein Hindernis auftut und ändert seinen Kurs. Ab und zu wird gewechselt, so daß alle Kinder einmal Schiff sind, sofern sie es wollen.

Variation: Wenn die Übung schon bekannt ist und gut gelingt, kann sie schwieriger gestaltet werden. So können sich einige Kinder aus dem weiten Kreis in den Kreis hinein begeben und Riffe oder Untiefen darstellen. Auch sie summen laut, wenn das Schifferkind ihnen nahekommt, aber in einer deutlich anderen Tonlage (vorher vereinbaren).

Führen lassen

Bei dieser Übung läßt sich eine Hälfte der Kinder von der anderen Hälfte führen. Es geht dabei um Vertrauen und Sensibilität. Die Geführten schließen dazu die Augen (dürfen sie aber ab und zu aufmachen, wenn es ihnen zu unheimlich wird). Das geführte Kind legt seine Hand auf den Arm oder die Hand des Führers, nicht etwa umgekehrt. Das heißt, das geführte Kind sollte die Kontrolle über die Situation haben, als der aktive Teil verstanden werden.

Die Erzieherin sagt den Führkindern vorher, sie sollen ruhig und sicher führen. Es sei ein Zeichen für eine gute Führung, wenn das geführte Kind sich die Augen zu schließen getraut und sie lange geschlossen hält. Vorher wird auch gesagt, daß anschließend die Rollen gewechselt werden. Nachher fragt die Erzieherin, ob etwas zum Geräuschpegel aufgefallen ist. Hat er sich während der Übung verringert? Warum?

Schweres Tier

Zweiteilig: (1) Zunächst wird gefragt, was für schwere Tiere es alles gibt. Die Antworten werden gesammelt. Dann soll sich jedes Kind das schwere Tier aussuchen, das ihm am besten gefällt – aber nicht verraten, was es ist. Dann kommt ein Bewegungsspiel: Die Kinder machen dabei in der Mitte des Stuhlkreises jeder das schwere Tier nach (in Bewegungen und Stimme), das sie sich ausgesucht haben. Alle raten die anderen. Wer erraten wurde, setzt sich in den Stuhlkreis und rät nur noch.

(2) Wenn alle erraten sind, legen sich die Kinder auf den Rücken und schließen die Augen. Die Arme liegen neben dem Körper, die Beine sind ausgestreckt und überkreuzen sich nicht. Die Erzieherin sagt den Kindern nun, sie sollen sich vorstellen, so schwer zu sein, wie ihr schweres Tier von vorhin. Sie sollen sich vorstellen, daß ihre Arme so schwer sind, der rechte Arm, der linke Arm. Sie sollen sich vorstellen, daß ihre Beine so schwer sind, das rechte Bein, das linke Bein. Sie sollen sich vorstellen, daß ihr Leib so schwer ist. Sie sollen sich vorstellen, daß

ihr ganzer Körper so schwer gegen den Boden drückt, wie das schwere Tier, das sie sich ausgesucht haben.

Anmerkung: Diese Übung eignet sich ausgezeichnet auch zur Einführung einer Entspannungsübung, nämlich der Schwereübung nach dem autogenen Training für Kinder.

Spirale

Die Kinder laufen im offenen Kreis. Außen laufen sie sehr schnell. Nach und nach gehen einzelne Kinder nach innen, laufen dabei aber immer noch im Kreis. Aber: Je weiter nach innen sie kommen, umso langsamer werden sie. Bald gehen sie nur noch. Dann gehen sie sehr langsam.

In der Mitte des Kreises ist ein Ruheort eingerichtet, vielleicht eine Ruheinsel aus Decken oder Matten. Wenn die Kinder die ganze Spirale vom schnellen Außen zum langsamen Innen durchlaufen haben, suchen sie sich dort einen Platz, ohne zu sprechen, setzen sich hin, legen sich schließlich hin, auf den Rücken, schließen die Augen und achten auf die Geräusche der anderen, die noch nicht dort angekommen sind.

Wenn das letzte Kind seinen Platz auf der Ruheinsel gefunden hat, ist es ganz still. Etwa eine Minute später beendet die Erzieherin die Übung.

Aufziehspielzeug

Die Kinder spielen Aufziehspielzeuge. Jedes Kind sucht sich etwas eigenes aus, einen Teddy, ein Tier, ein Auto, eine Puppe …

Die Kinder stellen sich in der Mitte des Raumes auf. Die Erzieherin geht zu jedem und zieht die Feder auf. Wenn die Feder eines Kindes aufgezogen ist, beginnt es sich zu bewegen. Es geht weg von der Mitte, bewegt sich in einem weiten Kreis. Und es macht dabei die Bewegungen seines Spielzeugs nach, es rollt, es tapst, es läuft …

Bald sind alle Kinder in Bewegung. Aber die Feder läuft ab,

und sie werden langsamer, eines nach dem anderen. Wenn ein Kind langsamer wird, bewegt es sich nach innen. Dort zieht es noch eine Runde und bleibt dann in der Kreismitte stehen, setzt oder legt sich dort hin und ist ganz ruhig, bis alle versammelt sind.

Dann kann über das Spiel geredet werden, wer was gespielt hat. Oder die Kinder raten das gegenseitig. Und dann wird vielleicht noch ein Durchgang gespielt.

Indianer

Die Kinder stehen im Kreis, bewegen sich dann alle in derselben Richtung. Anleitung etwa:

„Stellt euch vor, wir sind Indianer auf dem Kriegspfad. Alle marschieren wir hintereinander, im Gänsemarsch. Und niemand spricht, damit wir nicht entdeckt werden. Aber jeder von uns darf einmal etwas sagen, das dann alle machen. Nämlich entweder: „Pause" – dann legen sich alle hin und ruhen sich aus, bleiben aber ganz still. Oder: „Weiter" – dann gehen wieder alle weiter. Oder „Schneller" – dann gehen alle schneller. Oder: „Langsamer" – dann gehen alle langsamer. Aber jeder darf nur einmal sagen; jeder bestimmt einmal, was wir tun."

Variation: Die Szenerie kann beliebig verändert werden, beispielsweise können Höhlenmenschen auf der Mammutjagd gespielt werden oder eine Wüstenexpedition oder Handwerksgesellen auf Wanderschaft oder eine Räuberbande auf ihrem Streifzug durch den Wald.

9

Musik, Musik ...

Das mag zunächst überraschen: Was haben Töne, was haben *Lieder* in einem Buch über *Stille* zu suchen? Steht Musik nicht geradezu im Gegensatz zu Stille? Lieder sind leise, Lieder sind laut. Hier läßt sich variieren und über das Erleben des Unterschieds wieder zur Ruhe hinführen. In vielen der folgenden Liedern sind verschiedene Lautstärken (manchmal auch verschiedene Geschwindigkeiten) gefordert. So soll beim „Immer-Langsamer-Lied" jede Strophe immer etwas langsamer gesungen werden, als die vorherige. Das ist gar nicht so einfach.

Die Anleitungen zur Lautstärke finden sich oft direkt in den Liedern. Die Erzieherin sollte die Kinder vorher aber noch ausdrücklich darauf hinweisen, daß jede Strophe bzw. jeder Vers, in der Lautstärke gesungen wird, die am Anfang genannt wird. Wenn es also heißt: „Leise sind die Schmetterlinge", dann sollte das leise gesungen werden, „Laut sind alle schweren Laster" singen sie dagegen laut. Anleitungen zu einigen besonderen Liedern finden sich direkt bei ihnen. Begonnen wird das Kapitel mit einigen Summ- und Tonübungen.

Summen

Alle summen wir nun miteinander, alle in der gleichen Lautstärke. Erst gibt die Erzieherin die Lautstärke vor, die Kinder werden entsprechend lauter oder leiser. Wenn es einigermaßen klappt, dann nickt sie einem Kind zu, das nun die Leitung ein Weilchen übernimmt, bis das nächste Kind an die Reihe kommt. Die Kinder darauf hinweisen, daß sie alle immer etwas leiser sein müssen als der gerade Vorsummende, damit sie hören können, wenn es lauter, und vor allem, wenn es leiser wird.

Vokale

Nicht im Sitzen, sondern im Liegen oder Stehen (oder Gehen) werden nacheinander die Vokale gesungen. Die Erzieherin gibt „Aaaa" vor, die Kinder werden sich schnell auf eine einigermaßen gemeinsame Tonhöhe verständigen. Der Vokal beginnt laut, dann wird es leiser und leiser. Vor dem nächsten Vokal eine kleine Pause, dann geht es weiter. „Eeeee", „Iiiii", „Ooooo", „Uuuuu". Wenn den Kindern die Übung schon bekannt ist, kann dazu gesagt werden, sie sollen die Vokale von ganz tief unten aus ihrem Bauch kommen lassen.

Variation: Die Vokale können auch gruppiert werden, beispielsweise als Folge „Aaeee", Eeiii", „Iiooo", Oouuu". Jeweils laut beginnen und allmählich leiser werden, mit einer kleinen Pause zwischen den Zweiergruppen. Oder die Vokale können alle hintereinander gesungen werden: „Aaeeiioouu", leiser werdend, mehrfach wiederholt, mit kleinen Pausen zwischen den Wiederholungen.

Einstimmen

Jedes Kind soll sich einen Vokal aussuchen, A, E, I, O, U, aber nicht verraten, welchen. Auf ein Zeichen hin sollen sie nachher ihren eigenen Vokal zu singen beginnen, erst leise, dann immer etwas lauter. Und wenn andere Kinder hören, daß ein Kind mit seinem eigenen Vokal begonnen hat, sollen sie den neuen Vokal übernehmen, auch sie erst leise, dann allmählich lauter werdend, bis zum nächsten Wechsel.

Die Kinder schließen die Augen. Alle beginnen mit „Aaaaa". Die Erzieherin geht herum und legt einem Kind die Hand auf die Schulter. Das Kind singt nun seinen eigenen Vokal, erst ganz leise, dann zunehmend lauter. Die anderen schwenken nach und nach darauf ein. So geht die Erzieherin von Kind zu Kind und bringt die Vokale miteinander zum Klingen.

Trennen und Wiederfinden

Die Kinder suchen sich Vokale oder Konsonanten oder Umlaute (Ä, Ö, Ü) aus, mit Ausnahme von „A". Die Erzieherin gibt acht, daß es keine zu großen Häufungen bei einzelnen Vokalen oder Konsonanten gibt. Wenn jedes Kind seinen Vokal oder Konsonanten oder Umlaut kennt, beginnen alle mit einem lauten gemeinsamen „Aaaaa". Die Erzieherin geht nun herum und legt nacheinander Kindern die Hand auf die Schulter. Das jeweilige Kind beginnt seinen eigenen Laut zu singen, erst ganz leise, dann langsam lauter werdend. Die anderen bleiben beim „Aaaaa", bis sie aufgefordert werden, ihren eigenen Laut tönen zu lassen. So geht die Erzieherin herum, bis alle „Aaaaa" verwandelt sind und jedes Kind seinen eigenen Laut singt.

Und wieder geht die Erzieherin herum und legt nacheinander den Kindern die Hand auf die Schulter. Und das jeweilige Kind beginnt wieder mit dem ursprünglichen „Aaaaa", erst leise, dann lauter werdend, bis alle Kinder wieder beim „Aaaaa" angelangt sind.

Vokalkanon

Die Kinder werden in Gruppen eingeteilt. Jede Gruppe bekommt einen Vokal zugewiesen (beim ersten Versuch am besten nur drei Gruppen, mit den Vokalen „A", „O", „U", in späteren Versuchen dann alle fünf Vokale). Auf ein Zeichen beginnt die erste Gruppe mit ihrem „Aaaaa". Sie beginnt erst ganz leise, wird dann lauter und nach einem Höhepunkt wieder leiser. Wird die Übung erstmals durchgeführt, kann es gut sein, in jeder Gruppe ein Kind als „Vor- oder Hauptsinger" zu bestimmen. Die anderen Kinder der Gruppe richten sich dann in der Lautstärke nach diesem Kind. Auf ein Zeichen der Erzieherin setzt die zweite Gruppe ein, bald danach die dritte, die vierte, die fünfte. Jede Gruppe wird ihre eigene Geschwindigkeit des lauter und leiser entwickeln, so daß immer mehr der eine oder der andere Vokal oder wechselnde Zusammenklänge von Vokalen im Vordergrund stehen.

Bei den ersten beiden Liedern (beide zur selben Melodie zu singen) rennen die Kinder schnell im Raum herum bzw. singen sehr laut. Dann werden sie von Strophe zu Strophe langsamer bzw. leiser.

Das Immer-Leiser-Lied

Laut   ist   al - les,   was   ich   hö - re,
laut   ist   al - les,   was   ich   tu.
Laut   der   Sturm und   laut   der   Don - ner,
laut   das   Stam- pfen   auf   dem   Bo - den,

laut   die   El - tern,   laut   die   Kin - der,
laut   die   Ras - sel,   laut   die   Pfei - fe,
laut   ist   al - les,   was   ich   hö - re,
laut   ist   al - les,   was   ich   tu.

2. Leiser wird nun, was ich höre,
leiser wird nun, was ich tu.
Leiser wird der Wind, der Regen,
leiser stampf ich auf den Boden,
leiser werden alle Kinder,
leiser wird nun auch die Trommel,
leiser wird es, was ich höre,
leiser wird es, was ich tu.

3. Nochmal leiser, was ich höre,
nochmal leiser, was ich tu.
Nochmal leiser wird der Wind nun,
leise tret ich auf den Boden,
leise flüstern alle Kinder,
leise blas ich meinen Atem,
nochmal leiser, was ich höre,
nochmal leiser, was ich tu.

4. Still ist alles, was ich höre,
still ist alles, was ich tu.
Stille will mein Herz nun schlagen,
stille lieg ich auf dem Boden,
stille sind nun alle Kinder,
stille geht mein tiefer Atem,
still ist alles, was ich höre,
still ist alles, was ich tu.

Das-Immer-Langsamer-Lied

1. Schnell ist alles, was ich sehe,
schnell ist alles, was ich tu.
Schnell die Autos auf der Straße,
schnell das Rennen durch das Zimmer,
schnell die Eltern, schnell die Kinder,
schnell der Atem und der Herzschlag,
schnell ist alles, was ich sehe,
schnell ist alles, was ich tu.

2. Langsam wird nun was ich sehe,
langsam wird nun was ich tu.
Langsam fährt das Fahrrad weiter,
langsam geh ich durch das Zimmer,
langsam sind nun alle Kinder,
langsam geht auch gleich der Atem,
langsam alles, was ich sehe,
langsam alles, was ich tu.

3. Noch viel langsamer wird alles,
noch viel langsamer wirds nun.
Langsam rollt der Ball ein Stück noch,
langsam leg ich mich nun nieder,
langsam sind nun alle Kinder,
tief und langsam geht mein Atem,
langsam ist nun, was ich sehe,
langsam ist nun, was ich tu.

4. Schneckenlangsam, was ich sehe,
schneckenlangsam, was ich tu.
Langsam ziehen Himmelswolken,
langsam schau ich ihnen nach,
langsam sind nun alle Kinder,
langsam geht der leise Atem,
langsam alles, was ich sehe,
langsam alles, was ich tu.

Leise sind die Schmetterlinge

2. Laut sind alle schweren Laster,
laut und dick und groß und schwer.
Laut sind alle schweren Laster,
brummen durch den Stadtverkehr.

3. Leise brummen braune Hummeln
um die Blumen, um den Klee.
Leise brummen braune Hummeln,
während ich im Regen steh.

4. Laut fällt der Gewitterregen,
fällt der Oma in den Tee.
Laut fällt der Gewitterregen,
aber leise fällt der Schnee.

5. Leise fällt die Feder nieder,
aus dem Himmel weit und blau.
Leise fällt die Feder nieder,
leise fällt der Morgentau.

6. Laut krähn morgens schon die Hähne,
fast wie Wecker so genau.
Laut krähn morgens schon die Hähne,
leise ist der stolze Pfau.

7. Laut sind alle Düsenflieger,
laut ist der Pistolenknall.
Laut sind alle Düsenflieger,
leise ist das weite All.

8. Laut jubeln die Fußballspieler,
und da liegt im Tor der Ball.
Laut jubeln die Fußballspieler,
leise ist der Blätterfall.

9. Leise sind jetzt alle Kinder,
leise singen wir das Lied.
Leise sind jetzt alle Kinder,
ohne jeden Unterschied.

10. Doch wir können auch viel lauter,
lauter, wie man hört und sieht.
Und wir können es ganz leise,
leise ohne Unterschied.

Eine furchtbar schlechte Musikkapelle

Aus ei - nem ganz be - son - dren

Zoo hüpft schnell her - bei der klei - ne

Floh. Er schlägt die Trom- meln furcht- bar

roh und sagt: Das mach ich im - mer

so. Der win- zig klei - ne Floh.

2. Aus einem kleinen Puppenhaus
springt nun herbei die graue Maus.
Sie bläst Trompete ohne Paus,
ihr geht die Luft auch niemals aus.
Die kleine graue Maus.

3. Nun kommt die Schlange Grünzischzisch,
sie spielt die Flöte frei und frisch.
Da bricht zusammen jeder Tisch,
die Ohren hält sich zu der Fisch.
Die Schlange Grünzischzisch.

4. Als nächstes wackelt nun daher
ein gar nicht schöner Nasenbär.
Er brummt: Ach, sind doch Töne schwer.
Wenn Schnauben doch Musik schon wär.
Der arme Nasenbär.

5. Aus Afrika, vom breiten Nil,
kommt nun ein braunes Krokodil.
Es reißt sein Maul auf, wie es will,
und ist doch immer nur so still.
Das braune Krokodil.

Ganz wie ich will

2. Rauscht der Bach,
oder ist er still?
Ganz wie ich will.
Ganz wie ich will.

3. Pfeift der Wind,
oder ist er still?
Ganz wie ich will.
Ganz wie ich will.

4. Schreit der Berg,
oder ist er still?

Ganz wie ich will.
Ganz wie ich will.

5. Schreit das Meer,
oder ist es still?
Ganz wie ich will.
Ganz wie ich will.

6. Schreit der Himmel,
oder ist er still?
Ganz wie ich will.
Ganz wie ich will.

Still ist die Luft …

2. Leis ist der Wind, wenn er weht, weht.
Leis ist der Wind, wenn er weht, weht.

3. Laut ist der Sturm, wenn er geht, geht.
Laut ist der Sturm, wenn er geht, geht.

4. Leis ist der Wind, wenn er weht, weht.
Leis ist der Wind, wenn er weht, weht.

5. Still ist die Luft, wenn sie steht, steht.
Still ist die Luft, wenn sie steht, steht.

Stille, stille, stille …

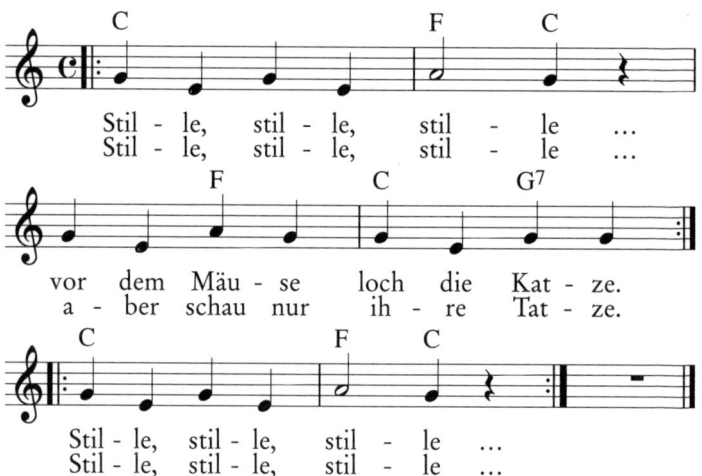

Stil - le, stil - le, stil - le …
Stil - le, stil - le, stil - le …

vor dem Mäu - se loch die Kat - ze.
a - ber schau nur ih - re Tat - ze.

Stil - le, stil - le, stil - le …
Stil - le, stil - le, stil - le …

2. Stille, stille, stille …
breite Rücken durch die Wogen.
Stille, stille, stille …
Wal hat seine Spur gezogen.
Stille, stille, stille …
Stille, stille, stille …

3. Stille, stille, stille …
durch den Urwald streift ein Tiger.
Stille, stille, stille …
sucht ihn dort der braune Krieger.
Stille, stille, stille …
Stille, stille, stille …

4. Stille, stille, stille …
Adler zieht so weite Kreise.
Stille, stille, stille …
durch den Himmel geht die Reise.
Stille, stille, stille …
Stille, stille, stille …

5. Stille, stille, stille …
hoch am Himmel leuchten Sterne.
Stille, stille, stille …
sind so groß und sind so ferne.
Stille, stille, stille …
Stille, stille, stille …

Tiri-liri-li-li

Beim folgenden Lied soll der Vogelteil immer mal laut und mal
leise gesungen werden, je nachdem, wie die vorherige Zeile das
verlangt. Die Erzieherin gibt lauten Gesang durch einen offenen
Vogelschnabel mit ihren Händen an. Bei leisem Gesang schließt
sie den Vogelschnabel (ihre Hände). Der zweite Teil kann so gestaltet werden, daß immer, wenn ein Spatz das Nest verläßt, der
Gesang ein wenig leiser wird. Und wenn das Nest leer ist, wird
an den beiden entsprechenden Zeilen der Strophe ganz ge-
schwiegen (zum Abschluß dann aber nochmal ein ganz lautes
Gezwitscher). Natürlich kann hier auch mit mehr als vier Spatzen im Nest begonnen werden.

2. Die Blätter rauschen leis im Wind.
Tiri-liri-li.
Das freut ein jedes Spatzenkind.
Tiri-liri-li.

3. Da flattert auch ein Schmetterling.
Tiri-liri-li.
Die Spatzen rufen: Sing doch, sing!
Tiri-liri-li.

4. Die Katze kommt und schaut hinauf.
Tiri-liri-li.
Da hören die Spatzen zu singen auf.
Tiri-liri-li.

5. Die Katze geht, und Wolken ziehn.
Tiri-liri-li.
Die Spatzen fragen sich wohin.
Tiri-liri-li.

6. Da fliegt ein Spatz in die Welt hinaus.
Tiri-liri-li.
Da bleiben nur noch drei zu Haus.
Tiri-liri-li.

7. Und noch ein Spatz in die Welt hinaus.
Tiri-liri-li.
Da bleiben nur noch zwei zu Haus.
Tiri-liri-li.

8. Und noch ein Spatz in die Welt hinaus.
Tiri-liri-li.
Da bleibt der letzte nur zu Haus.
Tiri-liri-li.

9. Der letzte Spatz in die Welt hinaus.
[Schweigen]
Dann ist das Spatzenlied wohl aus.
[Schweigen]
[Ganz laut:] Tiri-liri-li.

… und singt ein kleines Lied

Ein Spiellied im Sinne von „Alles was Federn hat, fliegt". Die
Kinder sollen die Zeile „… und singt ein kleines Lied" immer
nur dann singen, wenn die Dinge, von denen der vorherige Vers
handelt, das zulassen. Ansonsten sollen sie schweigen.

2. Der Wanderer hockt am Wegessaum
– und singt ein kleines Lied.

3. Im Bachbett glänzt ein Kieselstein.
[Schweigen.]

4. Ein Wind streift durch die Welt allein
– und singt ein kleines Lied.

5. Ein Mann spielt laut auf dem Klavier
– und singt ein kleines Lied.

6. Die Sängerin zählt schnell bis vier
– und singt ein kleines Lied.

7. Der Trommler haut die Stöcke wund
– und singt ein kleines Lied.

8. Das kranke Kind ist nun gesund
– und singt ein kleines Lied.

9. Die Mutter geht zum Küchentisch
– und singt ein kleines Lied.

10. Der Käse ist schon nicht mehr frisch.
[Schweigen.]

11. Der Straßenkehrer fegt den Weg
– und singt ein kleines Lied.

12. Er fegt auch vor der Apothek
– und singt ein kleines Lied.

13. Die Oma schaut zum Fenster raus
– und singt ein kleines Lied.

14. Und dann ist unser Lied schon aus.
[Schweigen.]

Laut sind die Kinder …

Der Anfang wird normal gesungen, das „laut, laut" dann laut,
das „leis, leis" dagegen leise. So werden die Kinder für laut und
leise sensibilisiert. Es sind noch viele andere Strophen möglich
und leicht zu erfinden.

Laut sind die Kin - der,	laut,	laut.
Leis sind die Kin - der,	leis,	leis.

2. Laut ist die Trommel, laut, laut.
Leis ist die Trommel, leis, leis.

3. Laut pfeift der Wind, laut, laut.
Leis pfeift der Wind, leis, leis.

4. Laut ruft die Mutter, laut, laut.
Leis ruft die Mutter, leis, leis.

5. Laut ist das Radio, laut, laut.
Leis ist das Radio, leis, leis.

6. Laut singt das Mädchen, laut, laut.
Leis singt das Mädchen, leis, leis.

7. Laut sind die Schritte, laut, laut.
Leis sind die Schritte, leis, leis.

8. Laut ist das Flugzeug, laut, laut.
Leis ist das Flugzeug, leis, leis.

9. Laut schnurrt die Katze, laut, laut.
Leis schnurrt die Katze, leis, leis.

10. Laut ist's im Zimmer, laut, laut.
Leis ist's im Zimmer, leis, leis.

Der Jan bläst auf dem Zellophan

Auch bei diesem Lied geht es um eine Sensibilisierung der Kinder für leise und laut. Das „laut, laut, laut" im ersten Teil jeder Strophe wird laut gesungen, das „leise, leise, leise" im zweiten Teil ganz leise. Vielleicht läßt sich mit den Kindern beobachten, daß sich auch die beiden Hauptverse ganz unwillkürlich in Richtung laut und leise hin verändern. Das laut und das leise strahlt aus. Das läßt sich auch in anderen Situationen nutzen, indem man beispielsweise in einer lauten und chaotischen Situation etwas beginnt, das mit der Bedeutung leise verbunden ist. Das kann die Situation beruhigen.

2. Der Till spielt auf dem Glockenspiel,
laut, laut, laut.
Der Till spielt auf dem Glockenspiel,
leise, leise, leise,
leise, leise, leise.

3. Die Jule spielt auf dem Klavier,
laut, laut, laut.
Die Jule spielt auf dem Klavier,
leise, leise, leise,
leise, leise, leise.

4. Marie spielt Geige schön wie nie,
laut, laut, laut.
Marie spielt Geige schön wie nie,
leise, leise, leise,
leise, leise, leise.

5. Die Maren zupft auf der Gitarre,
laut, laut, laut.
Die Maren zupft auf der Gitarre,

leise, leise, leise,
leise, leise, leise.

6. Der Peter bläst die Blechtrompete,
laut, laut, laut.
Der Peter bläst die Blechtrompete,
leise, leise, leise,
leise, leise, leise.

7. Der Anton bläst das Saxophon,
laut, laut, laut.
Der Anton bläst das Saxophon,
leise, leise, leise,
leise, leise, leise.

8. Sabine spielt die Mandoline,
laut, laut, laut.
Sabine spielt die Mandoline,
leise, leise, leise,
leise, leise, leise.

9. Christian schlägt die Glöckchen an,
laut, laut, laut.
Christian schlägt die Glöckchen an,
leise, leise, leise,
leise, leise, leise.

10. Tobias zupft den tiefen Baß,
laut, laut, laut.
Tobias zupft den tiefen Baß,
leise, leise, leise,
leise, leise, leise.

11. Jasmin, sie schlägt das Tamburin,
laut, laut, laut.
Jasmin, sie schlägt das Tamburin,
leise, leise, leise,
leise, leise, leise.

Laut fliegt der Düsenjäger

Jeder Strophenanfang wird normal oder besonders laut gesungen, dann wird es von Vers zu Vers leiser.

Laut fliegt der Dü - sen - jä - ger
ü - ber uns hin - weg. Dann wird er

lei - ser, lei - ser, lei - ser, lei - ser,
im - mer noch ein we - nig lei - ser,
im - mer, im - mer, im - mer lei - ser,

bis nichts mehr zu hö - ren ist.

2. Laut rast das blaue Auto
grad an uns vorbei.
Dann wird es
leiser, leiser, leiser, leiser ...

Laut rast der Zug vorüber,
grad an uns vorbei.
Dann wird er
leiser, leiser, leiser, leiser ...

3. Laut pfeifen alle Vögel,
wenn es Abend wird.
Sie werden
leiser, leiser, leiser, leiser ...

Es war einmal ein Wundertier

Es war ein-mal ein Wun-der- tier,
ging es viel zu lang-sam hier,
dem   wur – de   es   ein
da   Blitz, ein   Blitz, flitz,
Blitz,   ein
flitz.   —

2. Es war einmal ein Wundertier,
dem war es viel zu leise hier,
da wurds ein Donnergrollen,
so hat es eben wollen.

3. Es war einmal ein Wundertier,
dem ging es viel zu schnelle hier,
da wurd es eine Schnecke,
damit es niemand wecke.

4. Es war einmal ein Wundertier,
dem war es viel zu lautstark hier,
da wurd es eine Katze,
mit einer leisen Tatze.

Die Spielkapelle spielt zum Tanz

Die Spiel - ka - pel - le spielt zum Tanz,
lal - le - la - le - lum - mel. Die
Spiel - ka - pel - le spielt zum Tanz und
macht noch ziem - lich Fir - le - fanz. Die
Spiel-ka-pel-le spielt zum Tanz, la - le- lal- le -
lum - mel, la - le - la - le - lu.

2. Am Waschbrett steht der Elefant,
schrulle-schrulle-schrummel.
Am Waschbrett steht der Elefant,
und schrubbt und scheppert mit der Hand.
Am Waschbrett steht der Elefant,
schrulle-schrulle-schrummel,
schrulle-schrulle-schrumm.

3. Die Trommeln schlägt der Pavian,
dalle-dalle-dangel.
Die Trommeln schlägt der Pavian,
und hört nur hin, wie laut ers kann.
Die Trommel schlägt der Pavian,

dalle-dalle-dangel,
dalle-dalle-dang.

4. Gitarre spielt der kleine Bär,
klinge-klange-klänge.
Gitarre spielt der kleine Bär,
und gerne spielte er noch mehr.
Gitarre spielt der kleine Bär,
klinge-klange-klänge,
klinge-klange-kläng.

5. Blockflöte spielt das Spatzenkind,
fliete-fläte-flöte.
Blockflöte spielt das Spatzenkind,
es greift die Töne ganz geschwind.
Blockflöte spielt das Spatzenkind,
fliete-fläte-flöte,
fliete-fläte-flöt.

6. Trompete bläst die graue Maus,
pete-pete-pete.
Trompete bläst die graue Maus,
sie bläst die andren aus dem Haus.
Trompete bläst die graue Maus,
pete-pete-pete,
pete-pete-pet.

7. Das Mondkalb steht nur einfach da,
stille-stille-stille.
Das Mondkalb steht nur einfach da
und weiß gar nicht, wie ihm geschah.
Das Mondkalb steht nur einfach da,
stille-stille-stille,
stille-stille-still.

8. Die Spielkapelle spielt zum Tanz ...

Wer hört auch die leisen Dinge?

Al - le hö - ren lau - te Din - ge.
Wer hat fei - ne, fei - ne O - hren?

Din - ge - din - ge - ding - ding.

Wer hört auch die lei - sen Din - ge,
wo sich kaum ein Ton ver - lo - ren?

Din - ge - din - ge - ding.

2. Wer hört wie die Schmetterlinge
ihre bunten Flügel schlagen?
Schwinge-schwinge-schwing-schwing.
Wer hört, wie die Schmetterlinge
ihre bunten Flügel schlagen?
Schwinge-schwinge-schwing.

3. Wer hört, wie die Blätter rauschen,
in den dicken Apfelbäumen?
Rausche-rausche-rausch-rausch.
Wer hört, wie die Blätter rauschen,
in den dicken Apfelbäumen?
Rausche-rausche-rausch.

4. Wer hört, wie das Bächlein murmelt,
murmelt zwischen schlanken Weiden?
Mummel-mummel-mum-mum.

Wer hört, wie das Bächlein murmelt,
murmelt zwischen schlanken Weiden?
Mummel-mummel-mum.

5. Wer hört, wie die Winde blasen,
blasen um die Häuserecken?
Huihui-huihui-hui-hui.
Wer hört, wie die Winde blasen,
blasen um die Häuserecken?
Huihui-huihui-hui.

6. Wer hört, wie die Vögel singen,
in den Bäumen, in den Hecken?
Tiri-tiri-li-li.
Wer hört, wie die Vögel singen,
in den Bäumen, in den Hecken?
Tiri-tiri-li.

7. Wer hört, wie die Schritte gehen,
auf dem Gras und auf dem Pflaster?
Klackklack-klackklack-klack-klack.
Wer hört, wie die Schritte gehen,
auf dem Gras und auf dem Pflaster?
Klackklack-klackklack-klack.

8. Wer hört, wie die Wellen treiben,
an das weite Seenufer?
Plapla-plapla-platsch-platsch.
Wer hört, wie die Wellen treiben,
an das weite Seenufer?
Plapla-plapla-platsch.

9. Wer hört nun die dicke, dicke
Fliege durch das Zimmer brummen?
Brummbrumm-brummbrumm-brumm-brumm.
Wer hört nun die dicke, dicke
Fliege durch das Zimmer brummen?
Brummbrumm-brummbrumm-brumm.

Hör, was ich weiß

Hör,	was	ich	weiß:
Laut	ist	nicht	leis,
leis	ist	nicht	laut,
Korn	ist	kein	Kraut,
Kraut	ist	kein	Korn,
hin -	ten	nicht	vorn,
vorn	ist	nicht	hin - ten,
su -	chen	nicht	fin - den,
fin -	den	nicht	su - chen,
Brot	ist	kein	Ku - chen,
Ku -	chen	kein	Brot,
blau	ist	nicht	rot,
rot	ist	nicht	blau,
Mann	ist	nicht	Frau,
Frau	ist	nicht	Mann,
will	ist	nicht	kann,
kann	ist	nicht	will,
Krach	ist	nicht	still.

Kling, Glöckchen, klingeling

Die beiden ersten Verse laut, die drei folgenden leise.

(laut) Kling, Glöck-chen, klin - ge - ling,
(leise) Kling, Glöck-chen, klin - ge - ling,

klin - ge - lin - ge - ling - ling.
klin - ge - lin - ge - ling - ling.

Klin - ge - lin - ge - ling.

2. *(laut:)* Sing, Vöglein, singe-sing,
singe-singe-sing-sing.
(leise:) Sing, Vöglein, singe-sing,
singe-singe-sing-sing.
Singe-singe-sing.

3. *(laut:)* Tanz, Flöckchen, tanze-tanz,
tanze-tanze-tanz-tanz.
(leise:) Tanz, Flöckchen, tanze-tanz,
tanze-tanze-tanz-tanz.
Tanze-tanze-tanz.

Einmal ist er ruhig und still …

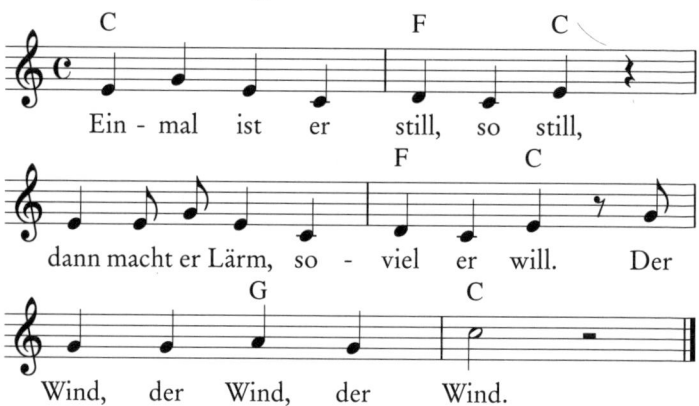

Ein - mal ist er still, so still,
dann macht er Lärm, so - viel er will. Der
Wind, der Wind, der Wind.

2. Einmal liegt es ruhig und glatt,
dann schaukelts Schiffe wie ein Blatt.
Das Meer, das Meer, das Meer.

3. Einmal tanzt sie hin und her,
dann frißt sie Haus und Hof und mehr.
Die Flamme, Flamme, Flamme.

4. Immer liegt sie still und breit,
doch einmal bebt sie kurze Zeit.
Die Erde, Erde, Erde.

5. Einmal schnurrt sie nur und liegt,
dann faucht sie, daß sie keiner kriegt.
Die Katz, die Katz, die Katz.

6. Einmal ruht er ruhig im Gras,
dann brüllt er mächtig dies und das.
Der Bär, der Bär, der Bär.

7. Einmal ist es ruhig und still,
dann springt es wieder doppelt viel.
Das Kind, das Kind, das Kind.

Immer mal auf andre Weise ...

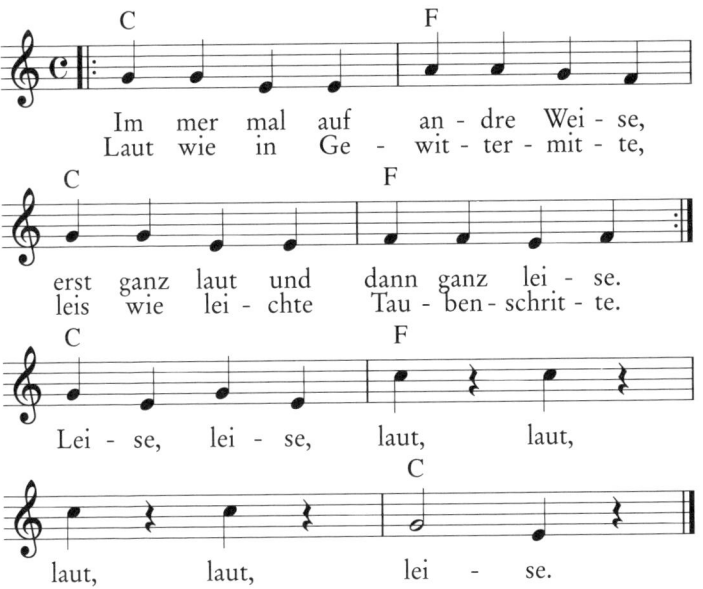

Im - mer mal auf an - dre Wei - se,
Laut wie in Ge - wit - ter - mit - te,

erst ganz laut und dann ganz lei - se.
leis wie lei - chte Tau - ben - schrit - te.

Lei - se, lei - se, laut, laut,

laut, laut, lei - se.

2. Immer mal auf andre Weise,
erst ganz laut und dann ganz leise.
Laut wie Clowns mit ihren Faxen,
leis wie all die Blumen wachsen.
Leise, leise, laut, laut,
laut, laut, leise.

3. Immer mal auf andre Weise,
erst ganz laut und dann ganz leise.
Laut wie schwere Flugzeugdüsen,
leis die Schmetterlinge grüßen.
Leise, leise, laut, laut,
laut, laut, leise.

4. Immer mal auf andre Weise,
erst ganz laut und dann ganz leise.
Laut wie eine Bohrmaschine,

leise, leise wie die Biene.
Leise, leise, laut, laut,
laut, laut, leise.

5. Immer mal auf andre Weise,
erst ganz laut und dann ganz leise.
Laut wie große Bärentatzen,
leise wie die Schleichekatzen.
Leise, leise, laut, laut,
laut, laut, leise.

6. Immer mal auf andre Weise,
erst ganz laut und dann ganz leise.
Laut wie Hochzeitsmusikanten,
leis wie Segelflieger landen.
Leise, leise, laut, laut,
laut, laut, leise.

Laut, laut, laut, was ist alles laut?

Laut, laut, laut, was ist al - les laut?

Laut sind die Au - tos, wenn sie ra - sen,
laut sind Trom - pe - ten, wenn sie bla - sen,
laut sind die Kin - der, wenn sie tol - len,
laut sind Er - wach - sne, wenn sie wol - len,
laut sind die schwe - ren Preß - luft - häm - mer,
laut sind im Früh - ling selbst die Läm - mer,
laut sind die Gro - ßen und die Klei - nen,
al - le mit ein, zwei, drei, vier Bei - nen.

Laut, laut, laut, was ist al - les laut?

2. Leis, leis, leis, was ist alles leis?
Leis sind die Falter, wenn sie fliegen,
leis sind die Schäfchen, wenn sie liegen,
leis sind die Wolken, wenn sie treiben,
leis fällt das Licht durch Fensterscheiben,
leis sind die Kinder, wenn sie's können,
leis sind auch manche von den Tönen,
leis sind die Kleinen und die Großen,
alle mit Kleidern oder Hosen.
Leis, leis, leis, was ist alles leis?

10

Übungen draußen in der Natur

Viele der bisher aufgeführten Übungen können aus dem Gruppenraum ohne weiteres ins Freie verlegt werden. Sie gewinnen dadurch manchmal eine andere Qualität. So ist es durchaus empfehlenswert, Übungen wie „Offenes Fenster" (Seite 19) oder „Bestimmte Geräusche (Seite 19) erst im Gruppenraum zu machen, von dort bei offenem Fenster nach draußen zu lauschen, später dann draußen zu wiederholen, in der Natur selbst zu lauschen, was denn alles zu hören ist.

Das Erleben der Natur kann außerdem Anlaß für eigene Stilleübungen sein, die im folgenden beschrieben werden. Je nach den Gegebenheiten werden die Übungen im Garten oder in der näheren Umgebung des Kindergartens stattfinden. Wiederholungen sind hier besonders empfehlenswert, so kann auch das Erleben der Zeit angesprochen werden, beispielsweise wenn ein Hörspaziergang zu verschiedenen Jahreszeiten unternommen wird. Hat sich im Vergleich zum letzten Hörspaziergang etwas verändert? Was hat sich verändert? Sind andere Fahrzeuge zu hören (beispielsweise mehr Traktoren oder mehr Autos, Motorräder)? Singen andere Vögel, mehr Vögel, weniger Vögel als beim letztenmal? Was ist mit dem Laub, rauscht es im Herbst anders als im Sommer? Und im Frühling? Und was ist im Winter zu hören, von all diesem Laub, von den Bäumen, vom Wind?

Erde unter dir

Im Garten oder auf einer Wiese legen sich die Kinder hin (wenn die Verhältnisse es denn gestatten), auf den Rücken, die Arme sind weit ausgestreckt, die Handflächen liegen nach unten. Sie schließen die Augen und sollen – vielleicht zwischen zwei Gongschlägen – die Erde unter sich fühlen, und sich auf der Erde. Dabei können auch einige besonders sensible Körperteile angesprochen werden (am besten dazu während des Liegens eine Anleitung durch die Erzieherin): Wie fühlt sich die Erde an unter dem Rücken, unter dem Po, unter den Händen? Danach wird über das Erleben geredet. Wie wurde die Erde wahrgenommen, wie nahmen die Kinder sich selbst auf ihr wahr?

Natur sein

Kinder stellen Dinge in der Natur dar. Im Garten wird besprochen, was jedes Kind sein möchte. Zur Auswahl stehen etwa: ein Baum, ein Strauch, ein Grashalm, verschiedene Blumen, Steine usw. (besser keine Tiere, nichts, das sich stark bewegt). Jedes Kind soll sich dann einen Platz suchen (am besten neben einem Ding der Art, die es ausgesucht hat) und versuchen, ganz dieses Ding zu sein, ganz wie ein Baum zu empfinden, eine Blumen, ein Stein. Nach einiger Zeit wird abgebrochen und über die Erfahrung gemeinsam geredet.

Rinde tasten

Im Garten die Rinde von Bäumen betasten, am besten mit geschlossenen Augen. Verschiedene Baumarten, ein alter, ein jüngerer Baum. Immer erst betasten, dann darüber reden, wie es war.

Gartenerkundung

Interessant ist es, einmal den Garten danach zu erkunden, was sich alles *riechen* läßt. Das kann als offene Aufgabe gestellt werden: Jeder soll an allen möglichen Dingen riechen, von denen ein Geruch ausgehen könnte. Die Kinder haben eine bestimmte

Zeit dazu. Sie sollen nicht dabei reden, weil das nur ablenkt. Nach einiger Zeit kommt die Gruppe wieder zusammen, und jeder sagt, was seine stärksten Eindrücke waren. Bei Streitfragen (beispielsweise ob denn Baumrinde nun riecht oder nicht) können alle nochmal hinaus und probieren.

Variation: Eine geführte Gartenerkundung: Die Gruppe geht von Gegenstand zu Gegenstand (verschiedenen Büschen, Bäumen, dem Gartenzaun, Gras, Spielgeräten, vielleicht einem Schuppen), und alle riechen nacheinander oder in kleinen Gruppen daran. Währenddessen soll (möglichst) Stille herrschen (Begründung: Wir können am besten wahrnehmen, wenn immer nur *ein* Sinnesorgan aktiv ist).

Fortsetzung: Gerüche verändern sich. Beispielsweise nach einem schweren Regen riecht es anders. Dann kann ein Riechspaziergang wiederholt werden. Die Kinder werden darauf aufmerksam gemacht, daß sie sich erinnern sollen und feststellen, ob es einen Unterschied gibt.

Hörspaziergang

Die Gruppe geht spazieren. Vorher wird eine Aufgabe gestellt: Jeder soll darauf achten, was alles zu hören ist. Später wird es dann zusammengetragen und eventuell noch gemalt. Das läßt sich gut im Abstand von einigen Tagen wiederholen, in unterschiedlichen Umgebungen: im Wald, auf dem Feld, im Dorf, in der Stadt, im Stadtpark, an einem Bach, an einem See, in einer Werkstatt.

Riechspaziergang

Beim Spazieren soll jeder in der Gruppe darauf achten, was es alles zu riechen gibt. Und jeder soll sich mindestens zwei Dinge merken. Eines davon soll von Maschinen oder von irgend etwas von Menschen Geschaffenem stammen. Das andere ist nur aus der Natur. Zurück im Kindergarten wird dann zusammengetragen, was alles zu riechen war.

Sehspaziergang

Ein Spaziergang wird gemacht, im Dorf, in der Stadt, in der offenen Natur. Vor dem Spazieren wird mit den Kindern besprochen, daß sich jedes Kind drei Dinge merken soll, die ihm am besten (oder schlechtesten) gefallen. Nach dem Spaziergang (der in unterschiedlichen Umgebungen wiederholt werden kann) wird zusammengetragen. Es kann auch ein Bild gemalt werden.

Variation: Es wird vorher mit der ganzen Gruppe, mit Untergruppen oder gar mit jedem einzelnen Kind verabredet, daß es auf Dinge mit bestimmten Merkmalen achten soll, beispielsweise auf gelbe oder rote Dinge, auf Dinge in der Lieblingsfarbe des Kindes, auf Dinge aus Holz, auf runde Dinge, auf Schnecken, auf Insekten, auf Vögel, auf Menschen verschiedenen Alters, auf Maschinen, auf unterschiedliche Fahrzeuge, auf etwas besonders Kleines (nicht größer als ein Finger), auf etwas besonders Großes, auf Steine, auf Schmetterlinge. Anschließend wird wieder zusammengetragen.

Stillespaziergang

Die Kindergruppe geht spazieren. Jedes Kind soll einen Gegenstand sammeln, bei dem es an Stille denkt. Das kann alles mögliche sein: beispielsweise leere Schneckenhäuser, Tannenzapfen, Steine, Gräser ... Entweder unterwegs bei einer Rast oder zurück im Kindergarten legt dann jedes Kind seinen Gegenstand vor und sagt kurz, warum es ihn gewählt hat. Alle sind ein paar Augenblicke ganz ruhig und versuchen, die Stille nachzufühlen, die in dem Gegenstand liegt.

Wege erkunden

Bei einem Spaziergang wird besonders auf Wege geachtet, und wie es sich auf ihnen geht. Die Erzieherin hat eine abwechslungsreiche Strecke zusammengestellt. Die Kinder erhalten die

Aufgabe, sich bei jedem Weg mit einem anderen Charakter zu melden. Dann wird eine Minute lang schweigend und achtsam auf diesem Weg weitergegangen. Die Kinder sollen sich dabei den Weg und das Gefühl, auf diesem Weg zu gehen, merken (vielleicht wird später etwas darüber gemalt). Nach dieser Achtsamkeitsübung wird wieder „normal" weitergegangen. Es können Asphaltwege, Kopfsteinpflaster, mehr oder weniger befestigte Feldwege, ein Pfad über die Wiese, Waldwege, mehr oder weniger breite Wege vorkommen.

Ein Baum nah und fern

Ein Baum wird von den Kindern betrachtet. Sie sollen ihn aus ganz unterschiedlichen Entfernungen schweigend anschauen: (1) Von weit weg, wie er in der Landschaft steht, (2) von Nahem, als ein Ganzes, (3) verschiedene Hauptteile in ihm als Ganzes: Wurzeln, Stamm, große Äste, (4) die Einzelheiten dieser Hauptteile: Muster der Stammrinde, Verästelungen eines Hauptastes, (5) ein einzelnes Blatt, seine Farbe, die Adern, der Rand. Anschließend soll jeder etwas vom Betrachteten malen.

Fühlen und finden

Die Übung eignet sich für eine Baumwiese oder einen Spielplatz am Waldrand, wo mehrere Bäume gut erreichbar sind. Die Erzieherin führt die Kinder, die ihre Augen geschlossen haben, zu verschiedenen Bäumen (jedes Kind nur zu einem einzigen). Die Kinder sollen den Baum ertasten, aber nicht anschauen! Nach einiger Zeit führt die Erzieherin die Kinder wieder zurück, bewegt sie einmal im Kreis oder um sich herum. Dann öffnen die Kinder ihre Augen. Sie sollen nun versuchen, den ertasteten Baum wiederzufinden. Die Erzieherin sagt nur, welche Bäume in Frage kommen (falls eine große Anzahl in der Nähe steht). Die Kinder sollen erst schauen und dann auch tasten.

Steine sammeln

Auf einem Spaziergang werden Steine gesammelt, von unterschiedlicher Größe, aber nicht zu groß. Bei einer Rast oder
zurück im Kindergarten werden alle Steine zusammengelegt
und betrachtet. Die Steine werden zusammengeschlagen, dabei
wird auf die unterschiedlichen Klänge geachtet. Während des
Steineschlagens sollen die Kinder genau zuhören, das heißt, soll
Stille sein, dazwischen dann Kommentare.

Variation: Je nach der Gegend, durch die man kommt, kann
auch anderes gesammelt werden, beispielsweise Holz- und Rin-
denstücke oder Dinge aus Blech oder Metall.

Am See

An einem stehenden Gewässer kann die Übung „Wellenschau-
en" (siehe Seite 31) variiert werden. Die Kindergruppe sitzt am
Ufer. Ein Kind tritt vor und wirft einen vorher gesammelten
Stein ins Wasser. Die anderen beobachten die Wellen. Wenn ein
Kind keine vom Stein ausgelösten Wellen mehr sehen kann,
hebt es den Arm. Es ist Schweigen, bis alle Kinder den Arm ge-
hoben haben. Dann kommt das nächste Kind an die Reihe.

Bachgeräusche

Wenn ein Bach in der Nähe des Kindergartens fließt, kann – bei
entsprechender Witterung – an ihm entlang ein Spaziergang gemacht werden. An verschiedenen Stellen wird angehalten und
gelauscht, wie sein Wasser hier klingt. Sicher ist auch anderes zu
hören. Es kann versucht werden – nach dem Lauschen –, mit
den Kindern kleine Geschichten zu erfinden, die immer zwischen zwei Klängen, dem Bach und einem anderen gehörten,
spielen. So kann beispielsweise von einem Vogelruf ausgegangen werden, und dann eine kleine Geschichte bis zum Rauschen
des Baches entstehen.

„Kirikiri, ruft der Vogel und fliegt von seinem Baum zum

Bach. Er fliegt über das Wasser und setzt sich auf einen Stein am Ufer. Dort haben Kinder einen Staudamm gebaut, aber das Wasser hat ihn schon fast fortgeschwemmt. Nur noch ein paar Steinbrocken liegen da. Um die rauscht das Wasser. Der Vogel setzt sich auf einen und pickt ein bißchen Wasser auf. Er hat Durst." So könnte eine Geschichte lauten.

Zunächst also lauschen in der Stille, was überhaupt zu hören ist. Dann erfindet jedes Kind eine kleine Geschichte zwischen zwei Geräuschen. Und dann werden die Geschichten erzählt. Oder es wird nur eine Geschichte erfunden, und jedes Kind trägt etwas dazu bei, nur eine kleine Bemerkung, bis die Geschichte vollständig ist.

Literatur

Boden, Liselotte M.: Meditation und pädagogische Praxis. Methoden – Vorstufen – Modelle. Kösel, München, 1978.

Brunner, Reinhard: Hörst du die Stille? Meditative Übungen mit Kindern. Kösel, München, 1991 (4. Auflage 1994).

Faust-Siehl, Gabriele; Eva-Maria Bauer, Werner Baur & Uta Wallaschek: Mit Kindern Stille entdecken. Moritz Diesterweg, Frankfurt am Main, 1990 (2. Auflage 1991).

Friebel, Volker, Andrea Erkert & Sabine Friedrich: Kreative Entspannung im Kindergarten. Lambertus, Freiburg im Breisgau, 1993 (2. Auflage 1994).

Friebel, Volker: Entspannungstraining für Kinder – eine Literaturübersicht. In: Praxis der Kinderpsychologie und Kinderpsychiatrie, 43, 1994, 16-21.

Friebel, Volker: Gelassenheit und Ruhe. Entspannungsübungen für den Alltag. Buch mit Tonkassette. Trias, Stuttgart, 1994. Für Erwachsene.

Friebel, Volker: Welche Farbe hat die Stille? Wie Kinder lernen, sich zu entspannen. Eine Anleitung für Eltern. Buch mit Tonkassette. Trias, Stuttgart, 1995.

Krombusch, Gerhard: Mit Kindern auf dem Weg in die Stille. Arbeitshilfen zu „Komm mit zur Quelle" von Wolfgang Poeplau & Ludger Edelkötter. Impulse-Musikverlag, Drensteinfurt, 1989 (2. Auflage 1992).

Lao Tse: Tao Te King. Ins Deutsche übertragen und mit einer wörtlichen Übersetzung, einer Einleitung und Erläuterungen versehen von Jan Ulenbrook. Ullstein, Frankfurt am Main, 1980.

Maschwitz, Gerda & Rüdiger Maschwitz: Stille-Übungen mit Kindern. Ein Praxisbuch. Kösel, München, 1993 (4. Auflage 1994).

Maschwitz, Gerda & Rüdiger Maschwitz: Gemeinsam Stille entdecken. Übungen für Erwachsene und Kinder. Kösel, München, 1995.

Polender, Anna: Entspannungs-Übungen. Eine Modifikation des Autogenen Trainings für Kleinkinder. In: Praxis der Kinderpsychologie und Kinderpsychiatrie, 31, 1982, 15-19.

Rücker-Vogler, Ursula: Yoga und Autogenes Training mit Kindern: Anleitungen, Übungen, Märchen für Kindergarten und Grundschule. Don Bosco Verlag, München, 1989 (3. Auflage 1993).

Teml, Helga & Hubert Teml: Komm mit zum Regenbogen. Phantasiereisen für Kinder und Jugendliche. Veritas, Linz, 1991 (4. Auflage 1994).

Thiesen, Peter: Konzentrationsspiele für Kindergarten und Hort. Lambertus, Freiburg im Breisgau, 1990.

Vopel, Klaus: Bewegung im Schneckentempo (Band 1 der Reihe: Kinder ohne Streß). Iskopress, Hamburg, 1989 (3. Auflage 1994).

Praxisbuch Kindergarten

Für Ausbildung und Beruf

Kreativität im Kindergarten

Heike Baum
Kleider, Masken, Rollenspiel
Darstellende Spiele für den Kindergarten
ISBN 3-451-22812-2

Hilde Kappesz
Kreatives Leben mit Kindern
Der situationsorientierte Ansatz im Kindergartenalltag
ISBN 3-451-23357-8

Sylvia Näger
Kreative Medienerziehung im Kindergarten
Ideen – Vorschläge – Beispiele
ISBN 3-451-22548-4

Hildegard Schaufelberger
Märchenkunde für Erzieher
Grundwissen für den Umgang mit Märchen
ISBN 3-451-20130-5

Ingeborg Becker-Textor
Kreativität im Kindergarten
Anleitung zur kindgemäßen Intelligenzförderung
im Kindergarten
ISBN 3-451-21197-1

In Ihrer Buchhandlung erhältlich

HERDER